제임스 조이스

— 예술을 위한 순교자 —

김 학 동 저

건국대학교출판부

예술을 위한 순교자
제임스 조이스

세계 작가 탐구(외국편) [012]

찍은날	2001년 6월 5일 초판 찍음
펴낸날	2001년 6월 10일 초판 펴냄
지은이	김 학 동
펴낸이	맹 원 재
펴낸곳	건국대학교출판부

      주   소: 143-701, 서울시 광진구 화양동 1번지
      전   화: 도서주문 (02) 450-3893/FAX (02) 457-7202
               편 집 실 (02) 450-3891~2
      홈페이지: www.konkuk.ac.kr/~press
      전자우편: press@www.konkuk.ac.kr
      등   록: 제 4-3 호(1971. 6. 21)

찍은곳   용지인쇄주식회사

값 6,000원

ⓒ 김학동, 2001

* 잘못 만들어진 책은 바꾸어 드립니다.
* 저자와의 협의하에 인지 첨부를 생략합니다.

ISBN 89-7107-285-7 04800
ISBN 89-7107-232-6 (세트)

제임스 조이스 (James Joyce, 1882~1941)

조이스는 예술은 자연의 필수적인 한 부분임을 강조하는 작가이다. 자연과 예술은 분리될 수 없는 것이며, 자연과 예술의 궁극적인 의미는 사랑인 것이다.

— 본서 제4장 본문 중에서 —

4대의 조이스 가(家)
(초상화의 아버지 존 조이스, 제임스, 아들 조지오, 손자 스티븐)

저자의 말

　조이스의 모든 작품의 배경은 아일랜드의 수도 더블린이다. 우리는 아일랜드 하면 우선 민요 〈아 목동아〉, 북아일랜드 사태, 그리고 제임스 조이스를 떠올리게 된다. 오랫동안 영국의 지배를 받아 온 나라이지만 '영문학의 메카'라고 할만큼 기라성 같은 문인을 배출한 나라이기도 하다. 『걸리버 여행기』를 쓴 조나단 스위프트에서부터, 조지 버나드 쇼, 오스카 와일드, 사무엘 베케트, 존 싱(John Synge), 윌리엄 예이츠, 제임스 조이스, 최근에 노벨상을 탄 히이니(Seamus Heaney) 등등. 이들 중에서도 국보급인 존재는 역시 제임스 조이스이다. 전 세계의 조이스 애호가들이 그의 문학의 발자취를 더듬기 위해 몰려들어 관광 수입에 큰 몫을 차지하기도 한다. 그의 작품들은 글로 쓴 더블린 지도이다. 조이스 자신이 "만약 더블린이 멸망한다면, 나의 작품으로 그대로 재생시킬 수 있다"고 말했을 정도이다.

모든 작가를 통틀어 제임스 조이스만큼 많은 논란을 불러일으키고 그 영향력을 과시하는 작가는 없을 것이다. 조이스는 소설에서 새로운 실험을 하여 그 혁명을 시도한 작가였다. 그는 T. S. 엘리엇과 더불어 모더니즘(literary modernism)을 선도하였고, 지금에 와서는 그의 작품(특히 『피네간의 경야』)을 포스트모더니즘의 측면에서 연구하는 비평가들도 많아졌다. 제임스 조이스에게 붙는 타이틀 또한 여러 가지다. "현대 문학의 우산(雨傘)", "셰익스피어이래 최대의 작가", "언어의 마술사" 등. 아직도 현대 문학은 조이스가 설정한 한계를 벗어나지 못하고 있다.

조이스를 연구하는 사람은 물론, 그의 작품을 읽고 일반적인 이해를 꾀하는 사람들조차 그 난해성으로 인해 접근을 기피하는 경향이 있다. 미국에서는 『율리시즈』를 연구하는 사람을 "학구적인 피학성 음란증 환자"(academic masochist)라고 말하기까지 한다. 그러나 이것은 그의 후기 작품 『율리시즈』와 『피네간의 경야(經夜)』를 두고 하는 말이며, 그의 초기 작품 『더블린 사람들』이나 『젊은 예술가의 초상』은 조금의 노력을 곁들이면 어렵지 않게 소화할 수 있는 작품이다. 『율리시즈』에 대해서는 많은 연구가 진행되어 그 수수께끼가 많이 풀렸지만, 『피네간의 경야』는 아직도 문학의 거대한 산봉우리로 우뚝 솟아 학자들을 유혹하고 있다(이것은 조이스 자신이 의도한 바이지만).

필자가 조이스 문학에 입문한 지 벌써 20년이 되었다. 조이스의 초기 작품에서는 많은 흥미를 느꼈지만 『율리시즈』를 공부하게 되었을 때는 조이스를 전공한 것이 후회가 되기도 했다. 헤밍웨이는 "『율리시즈』라는 작품이 모든 소설을 종결시켰다"고 했다. 핫팬츠를 입고 의자에 다소곳이 앉아 『율리시즈』를 읽고 있는 마릴린 먼로의 사진을 본 적이 있다. 그때는 그녀가 참 위대해 보였다. 그러나 그 난해한 작품을 조금씩 조금씩 이해하게 될 때는 기쁨과 보람을 느낀다. "앞으로 이 작품의 수수께끼를 풀기 위해서 수세기 동안 학자들이 고민하게 될 것이다"라는 조이스 자신의 말을 위안(?)으로 삼으면서…….

『율리시즈』에 비교적 많은 지면을 할애하였다. 이 작품은 단속적(斷續的)인 '의식의 흐름'으로 전개되기 때문에 스토리의 흐름을 파악하기가 대단히 힘들기 때문이다.

『율리시즈』에 관한 박사 학위논문을 쓰기 위해서 뉴욕, 뉴저지, 보스턴의 여러 대학 도서관, 공립 도서관, 서점들을 누비던 기억이 새롭다. 부족한 점이 많으나 조이스의 문학을 이해하는 데 도움이 되길 바랄 뿐이다.

제임스 조이스에 대해서 후학들에게 많은 가르침을 주시고, 조이스 문학 연구에 지대한 공적을 세우신 김종건 선생님, 그리고 이 책을 기획·출판해 주신 건국대학교출판부 여러분들께 깊이 감사드린다.

2001년 5월
저 자

차 례

저자의 말 / 5

1. 생애와 작품 활동 ——— 13

2. 『더블린 사람들』
 —현대인의 마비된 정신 세계 ——— 55

3. 『젊은 예술가의 초상』
 —젊은 예술가의 고뇌와 방황 ——— 77

4. 『율리시즈』
 —인간 의식의 파노라마 ——— 91

　　(1) Stephen Dedalus— 정신의 세계·97
　　(2) Marion(Molly) Bloom— 육체의 세계·108
　　(3) Leopold Bloom— 만인(萬人)의 세계·118
　　(4) 조화의 추구—중용을 통한 극단의 수용(受容)·170

5. 『피네간의 경야』
 —문학의 최고봉 ——— 189

　　■ 연보 및 연구자료 / 197

제임스 조이스

예술을 위한 순교자

1

생애와 작품 활동

　제임스 조이스(James Joyce)의 작품은 모두 아일랜드의 수도 더블린(Dublin)을 배경으로 하여 서로 주제의 연관성을 지니면서 이어지고 있다. "그의 후기의 작품은 초기 작품을 통하여, 최초의 작품은 최후의 작품을 통하여 이해되어야만 한다"는 엘리엇(T. S. Eliot)의 말대로 그의 작품은(『더블린 사람들』의 단편들이 그러하듯이) 어떤 전체성을 추구하며 확산되어 가는 특성을 보여준다. 조이스의 모든 소설은 유기적인 관계를 지닌 한 권의 거대한 책으로 보아도 된다. 따라서 『율리시즈』(*Ulysses*)와 『피네간의 경야』(*Finnegans Wake*)를 이해하기 위해서는 『더블린 사람들』(*Dubliners*)과 『젊은 예술가의 초상』(*A Portrait of the Artist as a Young Man*)을 이해해야만 가능하다.

　『젊은 예술가의 초상』[1]의 말미에서 우리는 스티븐 디덜러스

---

1) 이하 『초상』이라 약칭함.

(Stephen Dedalus)가 ── 즉 제임스 조이스 자신이 ── "아직 창조되지 않은 내 민족의 양심을 내 영혼의 대장간에서 벼려서 만들기 위해" 파리로 가려는 환희에 찬 결의를 볼 수 있다. 이것은 그의 예술적인 망명을 의미하며, 그는 조국 아일랜드를 떠나 유럽으로 향하게 된다. 그리고 조이스는 여생의 거의 전부를 유럽(파리 - 트리에스테 - 로마 - 취리히)에서 보낸다. 그러나 그의 작품 무대는 언제나 고향인 더블린이었고 등장 인물들도 모두 더블린 사람들이었다. 조이스에게 더블린은 '정들고 불결한 더블린'(dear dirty Dublin)이었다. 그러나 그가 조국을 완전히 버린 것은 아니었다. 그는 더블린 사람들에게 정신적으로 마비된 현실을 직시하고 각성시키려는 의도에서 『더블린 사람들』을 쓴 것이다.

『더블린 사람들』의 유년기와 청년기의 이야기, 『초상』에서 보는 주인공 스티븐의 이야기는 바로 조이스 자신의 이야기이다. 작품을 작가의 생애와 결부시켜 보는 일은 흔한 일이지만 조이스만큼 그가 자라 온 환경(가정·교육·종교·고향 등)과 작품이 밀착되는 작가도 흔치 않다. 『초상』은 자서전적 소설이며 청년기까지의 그의 성장 과정을 그린 작품이다.

조이스는 1882년 2월 2일 더블린 교외인 래드가(Rathgar) 구(區) 브라이턴 스퀘어(Brighton Square) 41번지에서 지방세 징수관인 아버지 존 스태니스라우스 조이스(John Stanislaus Joyce)와 어머니 메리 제인 조이스(Mary Jane Joyce) 사이에서 10남매 중 장남으로 태어났다. 아버지 존은 호탕한 성격에 술을 좋아하고 입심도 좋은 사람이었다. 조이스의 어머니는 남편보다 10살 아

▶ 조이스의 아버지
존 스태니스라우스 조이스

래인 유순하고 소박한 여자였다. 『초상』이나 『율리시즈』에서 이 두 사람은 스티븐 디덜러스(Stephen Dedalus)의 부모로 등장한다. 스디븐은 이린 시절에는 부모에게 애정을 느끼지만, 사춘기 이후로 그들에 대한 반발심이 강하게 나타나는 것을 볼 수 있다. 『초상』에서 조이스는 그의 아버지를 "자기 과거의 찬미자"(a praiser of his own past)로 묘사하고 있으며, 그의 어머니는 『율리시즈』의 환상의 장인 「키르케」(Circe)에서 마귀가 되어 나타난다. 그녀는 조이스에게 가톨릭교의 영향을 주었다. 나중에 조이스는 가톨릭교와의 결별을 선언하는데 종교는 그의 자유로운 예술 세계를 구속하는 것이라고 생각했기 때문이다. 메리는 15명의 남매를 출산하였으나 10명만 살아 남았다. 이들 중

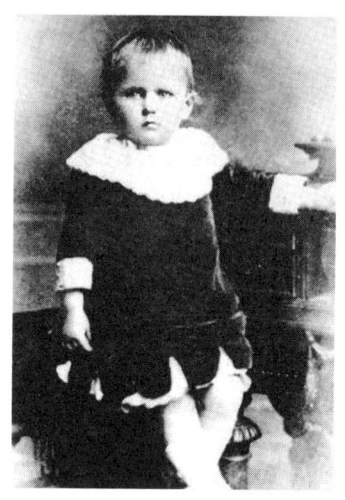 

어린 시절의 제임스 조이스(2세 때)   해군 복장을 한 소년 시절의 조이스
(6세 때, 율리시즈처럼 바다를 누비는
영웅이 되고 싶은지……)

조이스는 동생 스태니스라우스(Stanislaus)와 평생 동안 가장 가까운 관계를 유지했는데 스태니스라우스는 조이스가 유럽에서 어렵게 살아갈 때 형의 뒤를 돌보아 준 동생이었고 현재 조이스 연구서로서 각광을 받고 있는 『나의 형의 보호자』(*My Brother's Keeper*)라는 책으로 이름이 알려진 사람이다.

1888년 조이스는 클론고우즈 우드 칼리지(Clongowes Wood College)에 입학하였다. 이 학교는 예수회(Jesuit) 계통의 학교로서 기숙사 제도로 운영하였고, 당시 아일랜드에서 최고의 가톨릭 예비 학교(초등학교)였다. 조이스가 어린 시절 신부들에게서 받은 엄격한 교육, 학교 생활 등은 그의 작품 『초상』에 여실히 나타나고 있다.

조이스가 1888년부터 1891년까지 다녔던 클론고우즈 우드 칼리지
(원래는 중세의 성이었다.)

    클론고우즈에 다니던 시절 조이스는 신앙심이 깊었다. 정규적으로 영성체를 하고 성모 마리아를 위한 찬송가도 썼다. 이때 조이스가 받은 가톨릭의 영향은 그의 작품 전반에 종교적인 색채를 뿌리는 근원이 되었다. 비록 그가 가톨릭과의 결별을 선언했지만 스티븐이 "나는 가톨릭의 산물"이라고 말한 바와 같이 종교는 조이스의 정신 세계를 지배하는 강력한 힘이었다.
    유년 시절에 조이스에게 큰 영향을 준 사람은 아일랜드 민족 지도자인 찰스 스튜어트 파아넬(C. S. Parnell)이었다. 우리는 『초상』의 크리스마스 파티 장면에서 스티븐의 친척들이 파아넬에 대하여 극렬한 논쟁을 벌이는 장면을 볼 수 있다. 파아넬

조이스가 클론고우즈 우드 칼리지에 입학하던 날 그의 생가에서 찍은 가족 사진
[왼쪽에서부터 외조부(John Murray), 제임스 조이스, 어머니(Mary Jane), 아버지(John Joyce)]

클론고우즈 우드 칼리지 시절 급우들과 함께
[중앙 맨 앞줄 잔디 위에 앉아 있는 소년이 조이스이다. 그 뒤에 『초상』의 아날(Arnall) 신부의 모델이 된 파우어(Power) 신부가 앉아 있다.]

은 아일랜드의 민족적인 영웅으로 불렸으나, 간통 사건으로 실각, 아일랜드인으로부터 버림을 받게 된다. 그러나 조이스는 그의 고귀한 성품과 뛰어난 정치력을 존경했다. 1891년 조이스가 아홉 살이었을 때 파아넬이 사망하자 조이스는 이 애국자를 찬양하는 짧은 시 〈힐리여, 너마저!〉(Et Tu, Healy!)를 썼는데, 힐리라는 파아넬의 정적(政敵)을 공격하는 내용이었다. 조이스의 아버지는 이를 자랑스럽게 여겨 자비(自費)를 들여 인쇄하였으나 현존하지는 않는다. 파아넬이 그의 정적(政敵)들과 가톨릭교도들의 합세로 몰락하게 되자 소년 조이스는 큰 충격을 받게 된다. 그의 장례 행렬 때의 군중들의 잔인성과 소요, 그의 추종자들의 배신 등은 조이스에게 큰 충격을 주었고 성장함에 따라 자신과 파아넬의 운명을 동일시한다. 조이스도 자기의 주위에는 배신의 무리들과 그를 모함하려는 사람들로 가득 차 있다고 느끼게 된다. 조이스는 그의 작품을 이해해 주지 않고, 출판을 거부하는 아일랜드인들에게서 강한 배신감을 느낀다. 『초상』에서 그는 조국 아일랜드를 "새끼를 잡아먹는 늙은 암퇘지"(Ireland is the old sow that eats her farrow)로 묘사하고 있다.

아버지 존 조이스는 42세 때 지방세 징수관의 일자리를 잃게 되고 이때부터 가세가 기울어지기 시작한다. 조이스는 클론고우즈 학교를 자퇴하게 된다. 그의 가족은 더블린의 여러 곳을 전전(轉轉)하게 되고 아버지 존은 주정을 부리는 신세가 된다. 이때 조이스는 더블린 시내와 리피(Liffey) 강의 부두를 배회하며 자기는 남들과는 다른 운명을 타고난 존재라는 자기 비하에 빠진다.

1893년 봄 조이스는 역시 예수회 교단에서 운영하는 벨비디어 칼리지(Belvedere College)에 수업료 면제의 특혜를 받고 전학하게 된다. 불우한 처지에도 불구하고 이 학교에서도 탁월한 성적을 보인다. 이때 라틴어, 프랑스어, 이탈리아어뿐만 아니라 산술, 유클리드 기하학, 대수학 등을 공부하는 데 열중한다. 그의 작품에서 보이는 여러 나라 말의 혼용, 언어를 자유자재로 구사하는 능력은 이미 이때 싹트기 시작한 것이다. 그의 작문 실력 또한 놀라울 정도였다. 이때 조이스는 장학금과 글짓기 대회에서 받은 상금으로 가족을 돕기도 한다. 1896년 조이스는 벨비디어 칼리지에서 신앙생활이나 학업에서 제일 우수한 학생으로 뽑히는 영광을 차지한다.

그러나 같은 해 봄, 그의 나이 14세 때 극장에서 집으로 돌아오던 조이스는 매춘부를 만나 최초의 성경험을 하게 된다. 이때의 경험은 『초상』에서 죄의식에 시달리다가 신부에게 고해하는 장면에 잘 나타나 있다. 이 무렵 조이스는 종교·사회 등에 대해서 사춘기적인 반항 의식이 싹트기 시작한다.

> 그의 피가 반항하고 있었다. (······) 굶주림에 허덕이는 짐승처럼 그는 끙끙거렸다. 그는 한 여자를 범하고 싶었다. 그리고 함께 죄악 속에서 미쳐 날뛰고 싶었다.
> ―『초상』제 2 장―

1896년 11월 신부 제임스 커런(James Cullen)이 성 프란시스 자비에르(St. Francis Xavier)를 경배하기 위한 피정(避靜)을 주도하러 클론고우즈에서 벨비디어로 왔을 때, 이 신부의 설교를 듣고 난 조이스는 너무나 죄의식을 느껴 더블린의 한 성당에서 고해성사를 하게 된다. 이를 계기로 조이스는 다시 신앙에 충실하는 면모를 보이게 된다. 학감은 그의 태도에 큰 감명을 받고 앞으로 그에게 신부의 길을 열어 주겠다고 격려한다. 신부가 되는 것은 당시 학생에게 주어지는 최고의 영광이었다. 그러나 조이스의 신앙심은 일시적인 것이었고, 그는 근원적으로 종교와 어떤 거리감을 느끼고 있었다.

벨비디어에서의 상급 학년 시절 조이스는 급우의 누이동생인 메리 쉬히(Mary Sheehy)라는 소녀를 알게 되는데 그녀는 사춘기의 조이스에게 낭만적인 사랑의 대상이었다. 조이스는 이 소녀에게 느낀 감정을 시로 써 보기도 한다. 이 소녀는 『스티븐 히어로』(Stephen Hero)와 『초상』에 나오는 엠마 클레리(Emma Clery)의 모델이 된다.

『초상』의 스티븐에게서 볼 수 있듯이 사춘기 시절부터 조이스는 신앙보다는 세속적인 미에 점점 눈을 돌리게 된다. 1898년 여름 불 섬(Bull Island) 해변을 걷고 있을 때 바닷가에서 놀고 있는 한 소녀를 보게 되는데 그 광경은 조이스에게 강렬한 예술적 영감을 준다. "그의 영혼이 유년 시절의 무덤에서 일어나는" 스티븐처럼, 조이스는 이때 "그의 자유로운 영혼 속에서 영구 불변하는 것," 즉 미를 창조하는 예술가가 되어야겠다고 결심하게 된다. 그의 목표는 "영원한 상상력의 사제"였던 것이다. 벨비디어에서의 마지막 학년부터 조이스는 종래의 착실하고 유순하던 학생의 면모를 점점 잃기 시작하여 성적도 떨어지고 결석을 하는 일도 잦았다.

1898년 벨비디어를 졸업하고 유니버시티 칼리지(University College)에 진학한다. 이때부터 조이스는 가톨릭의 '굴레'에서 벗어나 예술을 추구하는 반항적인 젊은이로 변모해 간다.

> 세상의 함정은 죄의 길로 빠지는 것이었다. 자신은 추락하리라. 아직 추락하진 않았지만, 순식간에 고요히 추락하리라. 추락하지 않는다는 것은 너무 힘든 일, 너무 힘든 일(……)
> ―『초상』 제4장―

1899년 5월 예이츠(W. B. Yeats)의 『캐들린 백작 부인』(The Countess Cathleen)이 더블린 국립문예극장에서 공연되자 이 작품의 이단성에 대해 항의하는 서명 운동이 일어나는데 조이스는

조이스가 1898년에서 1902년까지 다녔던 유니버시티 칼리지

이에 서명하지 않음으로써 예술 지향 청년으로서의 그의 고집을 과시했다. 유니버시티 칼리지 재학 시절 그는 이탈리아어, 프랑스어, 독일어, 라틴어 그리고 노르웨이어 등을 공부하는 데 대단한 열성을 보였다. 뿐만 아니라 단테(Dante), 다눈치오(D'Annunzio), 브루노(Bruno), 플로베르(Flaubert), 하우프트만(Hauptmann)의 작품을 탐독했다. 그리고 이들의 사상과 아리스토텔레스, 아퀴나스, 셸리, 콜리지, 오스카 와일드 등의 견해를 종합하여 조이스는 나름대로의 미학 이론을 전개, 「연극과 인생」(Drama and Life)이라는 제목의 논문을 발표한다. 이때 조이스는 졸라(Zola)와 플로베르의 자연주의 영향을 받게 된다. 조이스의 자연주의는 상징주의적 경향을 띠는데, 그는 현대의 일상 생활에서 일

1. 생애와 작품 활동

어나는 일들을 우주적이고 신화적인 배경에 담으려고 했다. 또한 이 무렵 조이스는 입센(Ibsen)의 최후의 희곡 『죽은 우리가 눈을 뜰 때』(When We Dead Awaken)에 관한 서평으로 「입센의 신극」(Ibsen's New Drama)이라는 논문을 『포트나이트리 리뷰』(Fortnightly Review) 지에 발표하는데, 이것은 그의 작가로서의 정식 출발을 의미하는 것이었다. 또한 그는 입센의 작품을 영역(英譯)한 윌리엄 아처(William Archer)를 통해서 입센 자신으로부터 감사의 편지를 받는다. 유니버시티 칼리지 재학 시절 조이스는 이 밖에도 여러 편의 평론을 썼으며, 희곡, 외국 작품의 번역에도 손을 대기 시작하였다.

　1900년 봄 조이스는 아버지와 런던을 방문하게 된다. 『포트나이트리 리뷰』지에 발표한 논문의 원고료로 여행 경비를 충당했다. 이것은 조이스가 유럽 대륙으로 시야를 넓히는 중요한 계기가 되었다. 그는 이때부터 자신을 아일랜드인이라기보다는 유럽인이라고 생각하게 되고 대륙으로 그의 예술적 시각을 돌리게 된다. 이 무렵 아일랜드에서는 예이츠, 조지 러셀(George Russell), 존 싱(John Synge), 조지 무어(George Moore) 등이 주동이 되어 아일랜드 문예 부흥 운동이 일어나고 있었지만, 조이스는 이 운동을 구시대적인 것으로 여기고 가담하지 않는다. 그는 게일어(Gaelic) 공부도 그만두게 된다. 이 무렵 「소요(騷擾)의 날」(The Day of the Rabblement)이라는 논문을 썼다. 이 글에서 조이스는 아일랜드 문예 부흥 운동의 지방성을 공격하고, 자신은 아일랜드 문인 집단에서 이탈, 브루노(Bruno)와 입센(Ibsen)에로의 경도(傾倒)를 선언하였다. 이 논문은 검열 대상이 되고 결국

유니버시티 칼리지 시절의 조이스(1900)
(뒷줄 왼쪽에서 두 번째)

출판이 거절된다.

유니버시티 칼리지 재학 시절 조이스는 이른바 '에피파니'(epiphanies; 顯現)라는 짧은 산문 스케치를 쓰기 시작했다. 이것은 어떤 순간에 갑자기 일어나는 예술적 영감을 의미하는 것이었다.[2] 1902년 조이스는 예이츠에게 그가 쓴 에피파니 몇 편을 보여주었는데 예이츠는 이를 "아름답기는 하나 미숙한 표현"이라고 하였다. 한편 조이스는 정치적·역사적 소재나 관념, 민속적인 소재를 다루는 예이츠의 문학을 탐탁하게 여기지 않

---

[2] 에피파니는 조이스의 중요한 문학 기법이므로 『초상』 부분에서 부연하기로 한다.

◀ 유니버시티 칼리지
졸업 사진(1902)

았다. 이미 예이츠가 이끄는 아일랜드 문예부흥 운동에 반기를 들었던 조이스는 예이츠와 문학적 노선을 달리했지만 예이츠는 여러 모로 조이스를 도와주었다. 이때 조이스가 창안한 에피파니라는 예술적 관념은 그의 예술의 특성을 이루는 중요한 요소가 된다.

1902년 10월 31일 유니버시티 칼리지를 졸업한 조이스는 더블린의 성 세실리아 메디컬 스쿨(St. Cecilia's Medical School)에서 잠시 의학 공부를 하였으나 학비를 감당하기가 힘들었다. 그 후 그는 충동적으로 파리의 소르본느(Sorbonne) 대학에 가서 다시 의학 공부를 해야겠다고 마음먹는다. 이때 그는 작가를 포기한 것이 아니라 의사와 작가를 겸할 생각을 한 것이다. 그러나 보헤미안적인 기질을 가진 조이스에게 경제 사정이 허락한다 해도 의학 공부는 어울리지 않는 것이었다. 그는 1902년 12월 1일 더블린을 떠나 런던에 도착한다. 그날 조이스는 런던에서 예이츠를 만나게 되고 그의 주선으로 그레고리 부인(Lady Augasta Gregory), 아더 사이먼즈(Arthur Symons), 그 밖에 몇 명의 잡지 편집인들을 만나게 된다. 이것이 계기가 되어 조이스는 더블린의 『데일리 익스프레스』(Daily Express) 지에 서평을 쓰게 된다. 바로 그날 밤 조이스는 파리로 향했다. 파리로 향하는 그의 기분은 날개를 단 이카로스(Icarus)와 같았다. 조이스는 더블린이라는 미궁(迷宮)을 떠나 희망에 가득 찬 미지의 세계로 비상하는 기분을 느꼈다. 이것은 또한 『초상』의 말미를 장식하는 부분과 같다. '젊은 예술가의 초상'을 그리던 조이스는 그 초상을 완성하고 예술적 망명의 길을 시작한 것이었다. 파리에서의 의학 공부는 일시적인 것이었다. 파리에서 조이스는 대부분의 시간을 국립도서관(Bibiotheque Nationale)에서 보내면서 벤 존슨(Ben Jonson)가 아리스토텔레스에 대해서 읽었다. 그리고 이때 『초상』에서 그가 린치(Lynch)에게 설명하는, 아리스토텔레스와 아퀴나스(Aquinas)의 이론을 바탕으로 한 그의 '미학 이론'[3]을 연구하며 쓰기 시작했다. 시와 에피파니를 계속 쓰면서 자신은 그 어느 누구에게도 얽매이지 않는 독보적인 예술가가 되리라 결심했다. 그는 석탄 연료를 아끼느라 파리의 길거리를 서성거리기도 했다. 이 무렵 조이스는 『바다로 가는 사람들』(Riders to

---

[3] 이에 대해서는 본서 제 3 장 『젊은 예술가의 초상』 부분을 참고할 것.

파리 시절의 조이스(1902)

the Sea)로 유명해진 존 싱(John Synge)을 만나게 되고, 이 작품의 원고를 읽어 보게 된다. 조이스는 이 작품에 대해서 불만을 표시했지만 이것을 이탈리아어로 번역한 사람은 조이스였다.

파리에 머무는 동안 조이스는 『율리시즈』나 『더블린 사람들』에 등장하는 인물들의 모델이 되는 여러 사람들을 만나게 되고 작품의 소재도 얻게 된다. 이곳에서 문학가로서의 꿈을 불태우고 있던 조이스는 1903년 예수의 수난일(Good Friday)에 어머니가 위독하다는 내용의 전보를 받고 더블린으로 돌아가게 된다. 그의 어머니는 암으로 죽음을 앞두고 있었다. 『율리시즈』에서 스티븐이 회상하듯, 그녀는 "녹색의 담즙"을 토해 내고 있었다. 어머니는 조이스에게 부활절 의식을 행하여 죄를 고해하고 성체배령을 할 것을 울면서 애원한다. 그러나 조이스는 이를 거절한다. 가톨릭과 결별하고 '예술의 신'(Artistic God)을 지향하는 조이스의 강경한 태도가 나타나고 있었다. 종교는 이미 조이스가 신봉하는 대상이 아니었다. 조이스의 어머니는 누구보다도 독실한 가톨릭 신자였으며, 조이스의 작품에서 그녀는 가톨릭의 대변자로 묘사되어 있다. 그녀는 44세의 나이로 세상을 떠나게 된다. 조이스는 어머니의 임종시 무릎을 꿇고 기도해 주기를 바라는 외숙부의 요구조차도 거절한다. 그 후 조이스는 이로 인해 심한 죄의식과 자책감에 빠지게 되는데, 『율리시즈』에서 "Igenbite of Inwit"(중세 영어로 양심의 가책을 뜻함)로 고심하는 스티븐의 모습에서 이것이 잘 나타나 있다.

더블린에 돌아온 조이스는 방황과 좌절의 나날을 보낸다. 아내가 일찍 죽자 아버지는 주정을 부리고 가정을 돌보지 않는 사람으로 변모하게 된다. 가정 형편은 말이 아니었다. 이때 조이스는 사회주의, 무정부주의, 그리고 니체의 철학에서 그 위안을 찾으려 한다. 그러나 예술가로서의 집념을 버리지 않은 조이스는 글쓰는 일만은 게을리 하지 않았다.

1904년 1월 그는 자서전적인 에세이를 써서 제

더블린에서의 조이스(1904)

1. 생애와 작품 활동

목을 "예술가의 초상"(A Portrait of the Artist)이라고 붙였다. 이 글을 『데이너』(Dana) 지(誌)에 기고하려 했으나 거절당하자 조이스는 이것을 "스티븐 히어로"(Stephen Hero)라는 제목으로 고쳐 쓰기 시작한다. 본격적인 작가로서의 출발이었다. 그리고 10년 후 이 작품은 유명한 『젊은 예술가의 초상』(A Portrait of the Artist as a Young Man)으로 탈바꿈하게 된다.

한편 조이스는 성악에도 뛰어난 자질을 보여(그는 타고난 테너였다) 1904년 봄, 가수가 되어 보겠다는 생각을 품기도 하였다. 그는 전국 성악 경연 대회에서 금상의 후보에까지 올랐으나 악보를 즉석에서 읽을 수 없어 동상에 머물렀다. 이어서 그는 더블린 남부 교외 도오키(Dalkey)에 있는 클리프턴 스쿨(Clifton School)에서 교사로 재직하였는데, 그 기간은 단지 몇 달에 불과했다. 그러나 이때의 경험은 『율리시즈』의 두 번째 에피소드인 「네스토르」(Nestor)의 배경과 소재가 되고 있다.

1904년 6월 10일 조이스의 생애에서 획기적인 일이 일어났다. 이날 그의 반려자가 될 노라 바아나클(Nara Barnacle)과의 첫 만남이 있었다. 그녀는 아일랜드 서해안의 골웨이(Galway) 출신으로 키가 크고, 갈색 머리의 미인이었고, 소박하면서도

노라 바아나클 조이스(1928)

당당한 태도를 지닌 솔직한 성격의 여성이었다. 그녀는 핀즈 호텔(Finn's Hotel)의 객실 여종업원으로 일하고 있었다. 1904년 6월 16일 저녁, 두 남녀는 링센드(Ringsend)에서 처음으로 데이트를 했다. 이날이 그 유명한 『율리시즈』의 시간 배경이 되는 날이다. 6월 16일은 블룸즈데이(Bloomsday)[4]가 되어 아일랜드에서는 이날 다채로운 기념 행사가 열린다.

노라가 조이스에게 준 영향은 대단한 것이었다. 조이스는 그녀에게 "그날 당신은 나를 남자로 만들었다"(You made me a man)고 술회하였다. 노라는 지적인 면을 제외하고는 조이스 자신이 여성에게서 요구하는 많은 자질을 갖추고 있었다. 그녀는 부덕(婦德)을 갖춘 자상한 아내인 동시에 재치가 있는 여자였다. 한편으로는 남성을 지배하려는 경향과, 속된 면도 없지 않았다. 그의 작품에서와 같이 신성함과 세속적인 것을 함께 추구하는 조이스의 기질에는 이상적인 여자였던 것이다. 조이스는 노라에게 보낸 편지에서 "그대는 이 세상에서 가장 아름답고, 가장 소박한 영혼을 가진 여자"라고 썼다. 노라는 조이스에게 율리시즈의 정숙한 아내 페넬로페(Penelope)와 같은 존재였다. 그녀의 복합적인 성격은 「사자(死者)들」(The Dead)의 그레타 콘로이(Gretta Conroy), 『추방된 사람들』(Exiles)의 버어사 로우언(Bertha Rowan), 『율리시즈』의 몰리 블룸(Molly Bloom), 『피네간의 경야』의 안나 리비아 플루라벨(Anna Livia Plurabelle)의 모델로서 충분하였다.

---

[4] 『율리시즈』의 남자 주인공 "블룸"(Bloom)의 이름을 딴 것이다.

1904년 7월 조지 러셀(George Russell)의 부탁을 받고 『아이리쉬 홈스테드』(Irish Homestead) 지에 한 편의 단편 소설을 기고하게 되는데, 이것이 『더블린 사람들』의 첫 번째 이야기인 「자매들」(The Sisters)이었다. 이 무렵 조이스는 또한 서정적이고, 음악적인 시들을 쓰게 된다. 조이스와 그의 장난기 많은 친구 고가아티(Gogarty)는 제니(Jenny)라는 과부의 집에 찾아가 흑맥주를 마시며, 조이스가 쓴 시를 큰소리로 낭송해 주곤 했다. 한번은 이 과부가 칸막이 커튼 뒤로 가서 실내 변기(chamber pot)에 앉아 소리를 내며 소변을 보았는데, 조이스와 고가아티는 이 음악적인 소리를 즐기며 듣고 있었다. 이 일이 계기가 되어 조이스는 그가 쓴 시들을 모아 『실내악』(Chamber Music)이라 제목을 붙였다.

 이 무렵 그가 쓴 시 〈성직〉(The Holy Office)에는 아일랜드 문예 부흥 운동을 주창하던 당시의 문인들의 편협성을 맹렬히 비난하고, 예술가로서의 독보적인 길을 걷겠다는 조이스의 결의가 서려 있다.

> 그들이 웅크리고 기어가며 기도하는 곳에
> 나는 두려움 없이 숙명처럼 서 있다,
> 동지도 없이, 친구도 없이, 홀로,
> 청어 뼈와도 같이 냉담하게,
> 사슴뿔을 공중에 번뜩이며
> 산봉우리와도 같이 굳세게.

이미 가톨릭과도 멀어진 조이스는 아일랜드의 문인들, 그리고 그의 가족과 더블린의 현실에도 강한 불만을 느꼈다. 그의 영혼은 도피를 갈구하고 있었다.

1904년 9월 7일 조이스는 집을 나와 샌디코브(Sandycove) 해안에 있는 마아텔로 탑(Martello Tower)에서 친구 고가아티(Gogarty), 사무엘 트렌치(Samuel Trench)와 함께 기거하게 된다. 이곳에서의 2주 동안의 생활은 『율리시즈』 제 1 부 「텔레마코스」(Telemachus)의 배경이 된다.

이어서 그는 해외로 도피처를 구하게 되는데, 그 첫 번째가 취리히(Zurich)였다. 더블린을 떠나기 전에 중개인을 통해서 취리히의 버얼리츠 학교(Berlitz Language School)에 교사직을 보장받았으나, 막상 도착하고 보니 그 학교에는 자리가 없었다. 그는 폴라(Pola : 유고슬라비아 북서부에 있는 항구도시)에 있는 버얼리츠 학교에서 영어 교사직을 얻게 된다. 폴라는 독일어, 이탈리아어, 세르비아어, 크로아티아어 등이 혼용되는 곳이었다. 『피네간의 경야』에서 여러 나라 말을 혼용하여 쓸 수 있게 된 것은 이때의 경험이 한 몫을 한 것이다.

폴라에서의 생활은 가난하고 외로운 것이었다. 노라는 임신을 하였지만 따뜻한 방에서 지낼 수도 없었다. 하지만 조이스는 고난을 무릅쓰고 『스티븐 히어로』를 계속 써 나가는 한편, 많은 책을 읽었다. 노라는 이 책이 완성되어 팔리면 파리로 갈 돈을 마련할 수 있으리라는 기대에서 프랑스어를 공부했다. 하지만 폴라에서의 생활은 오래가지 못했다. 오스트리아 정부가 간첩단 사건으로 외지인을 추방했던 것이다.

1905년 3월 조이스는 오스트리아의 트리에스테(Trieste)로 이주하여 그곳의 버얼리츠 학교에서 일하게 된다. 이후 10년간을 그는 이곳에서 보내게 된다. 영어 교사로서의 임무를 게을리 하지는 않았으나 이것은 단지 호구지책이었고 조이스는 자신의 본래 목적인 글쓰는 일에 전념하지 못하는 것이 항시 불만이었다.

1905년 7월 27일 첫 아들 조지오(Giorgio)가 출생하였다. 이 무렵 런던의 출판업자인 그랜트 리처즈(Grant Richards)에게 『실내악』의 출판을 의뢰했지만 거절당하고 말았다. 그 동안 꾸준히 써 오던 『더블린 사람들』의 단편 12편이 완성되자 역시 그랜트 리처즈에게 보냈으나, 리처즈는 비도덕적인 부분이 많다는 이유로 수정을 요구한다. 조이스는 이에 불응, 출판을 거절당한다. 이리하여 『더블린 사람들』의 출판 문제를 놓고 긴 투쟁이 시작된다(『더블린 사람들』은 1914년에서야 출판된다).

1905년 10월 동생 스태니스라우스가 조이스의 권유로 트리에스테로 오게 된다. 동생도 버얼리츠 학교에 재직하면서 함께 살게 된다. 형제는 외모나 성격 면에서 매우 대조적이었다. 동생은 검소하고 착실한 사람으로 생계가 곤란한 형에게 돈을 대어 주는 한편, 형에게 자료를 모아 주고, 형의 글에 대해서 날카로운 비평가의 역할도 해주는 자칭 "나의 형의 보호자"였다.

1906년 7월 조이스 가족은 로마로 이주, 잠시 동안 그곳 은행에서 해외 통신 담당 서기로 일하게 된다. 로마는 그의 마음에 들지 않는 곳이었다. 그곳은 조이스에게 살인과 죽음의 처절한 역사의 현장을 되새기게 하는 곳이었다. 은행에서의 일은 너무 지루하고 힘든 일이어서 글을 쓸 여유가 없었다. 로마에

염증을 느끼게 되자 고향 더블린 사람들의 순진성과 우호적인 면, 아름다운 풍경들이 생각나 더블린에 있는 아주머니 조세핀(Josephine)에게 편지를 써서 더블린의 지도와 아일랜드의 풍경을 담은 사진과 역사책 따위를 보내 달라 하기도 했다. 이것이 계기가 되어 『더블린 사람들』의 「은총」(Grace)과 「사자들」에서는 더블린의 부정적인 현실에 대한 날카로운 풍자에서 다소 벗어나 아일랜드인의 미덕이 가미되어 있다.

1907년 1월 엘킨 매튜즈(Elkin Mathews)와 『실내악』의 출판 계약을 체결하게 되지만 『더블린 사람들』의 출판이 계속 거절당하게 되자 조이스는 깊은 절망감에 빠져든다. 그는 『실내악』 전체보다 『더블린 사람들』의 「구름 한 점」(A Little Cloud)의 한 페이지를 더 소중히 여겼던 것이다.

1907년 3월 조이스 가족은 트리에스테로 돌아오고 조이스는 다시 교편을 잡게 된다. 이 무렵 조이스의 이탈리아어 실력은 대단하여 그곳의 한 대학에서 공개 강연을 할 정도였다. 이 해 7월 노라는 구호 대상자 병동에서 첫딸 루시아 안나(Lucia Anna)를 출산한다. 이때 조이스는 류머티스 열(熱)로 병원 신세를 지고 있었다. 이러한 비참한 처지에 있는 형의 가족을 뒷바라지한 사람은 역시 동생 스태니스라우스였다. 이 해 9월 「사자들」을 완성시키고 여기에 이어지는 단편으로 『율리시즈』를 써 볼까 하였으나, 이것은 나중에 가서 더욱 방대한 규모의 장편 소설인 『율리시즈』로 탄생하게 된다. 그리고 『스티븐 히어로』를 5장으로 구성하고 새로운 문체와 어조로 개작하기 시작했다. 그러나 궁핍한 생활, 계속되는 『더블린 사람들』의 출판 거부,

『율리시즈』의 리오폴드 블룸의 집이 되고 있는 이클레스가 7번지

    설상가상으로 눈에 홍채염까지 발병하여 조이스는 최악의 상태에 놓이게 된다. 그는 폭음으로 위안을 구했다.
    1907년 7월 조이스는 아들 조지오와 함께 고향 더블린을 방문한다. 이때 이클레스(Eccles)가(街) 7번지에 있는 그의 친구 버언(J. F. Byrne : 『초상』에서 크랜리의 모델)의 집을 방문하는데, 이곳은 『율리시즈』에서 블룸의 집이 되어 소위 문학에서 가장 유명한 주소가 된다. 더블린에 체류하는 동안 그의 친구 빈센트 코스그레이브(Vincen Cosgrave : 『초상』에서 린치의 모델)를 만나서 술을 마시며 애기를 나누던 중 한 가지 해프닝이 일어났다.

1904년 코스그레이브는 노라에게 청혼을 하였으나 거절당하고, 대신 조이스가 그녀를 차지하게 된 것이었다. 그런데 술을 마시는 도중 코스그레이브는 과거에 자기와 노라가 모종의 사이였다고 말한다. 이때 예민한 조이스는 큰 충격을 받는다. 노라는 조이스에게 천사와 같은 존재였다. 코스그레이브의 말은 사실이 아니고, 그와 올리버 고가아티(Oliver Gogarty : 『율리시즈』의 벅 멀리건의 모델)의 흉계였는데, 조이스가 소설에서 이 두 사람을 좋지 않은 인물의 모델로서 이용한 데 대한 보복이었다. 결국 코스그레이브의 말은 사실이 아님이 밝혀졌지만, 이 무렵 조이스가 노라에게 보낸 편지를 보면 그 충격으로 인한 변태 심리가 나타나고 있다.

> 오늘 밤 난 평소보다 더 광적인 생각을 하게 되었오. 그대에게서 채찍질을 당하고 싶은 기분이오. 난 그대의 눈이 분노에 불타는 걸 보고 싶소. (……) 나의 육체는 곧 당신의 육체 속으로 스며들 것이오. 오 나의 영혼도 그랬으면! 오 마치 아기처럼 당신의 자궁에 보금자리를 만들있으면. (……)

더블린을 방문하던 중 조이스는 더블린의 모온슬 출판사(Maunsel & Co.)와 『더블린 사람들』의 출판 계약을 체결하게 된다. 그러나 나중에 모온슬 출판사는 영국 왕을 비난한 부분 때문에 출판을 취소한다. 다시 트리에스테로 돌아온 그는 돈을 벌어 볼 결심으로 더블린에서 영화관을 운영해 보리라 생각한다. 10월에 트리에스테에서 두 명의 동업자와 더블린으로 돌아와 12월 20일 볼타 영화관(Volta Theatre)을 개관한다. 그러나 이

트리에스테에서의 조이스(1915)
(이 기타는 제임스 조이스 박물관에 소장되어 있다.)

사업은 실패로 끝나고 1910년 1월 조이스는 다시 트리에스테로 돌아와, 그에게는 따분한 노릇일 수밖에 없는 영어를 가르치는 일에 종사하게 된다. 이 무렵 실의에 빠진 조이스는 『초상』의 미완성 원고를 난롯불에 던져 버리는데, 다행히도 누이 에이린(Eileen)이 그것을 집어내어 위기를 모면했지만 이후 조이스는 이 작품에 손대지 않고 방치해 둔다.

30세가 되던 해인 1912년 7월부터 9월 사이에 조이스는 마지막으로 아일랜드를 방문하게 된다. 이때는 노라와 아이들을 동반했다. 목적은 출판업자인 조지 로버츠(George Roberts)에게 『더블린 사람들』의 출판을 설득하는 것이었다. 7월에 조이스와 노라는 그녀의 고향 골웨이를 방문하였다. 이곳에 있는 공동묘지는 「사자(死者)들」에 등장하는 그레타 콘로이의 애인 마이클 퓨리(Michael Fury)가 묻혀 있는 곳이다. 로버츠는 『더블린 사람들』의 수정을 계속 요구하지만 조이스는 부분적인 수정만을 받아들였기 때문에 로버츠는 이미 인쇄된 종이를 파기시켜 버린다. 조이스는 울분을 참지 못하고 바로 그날 밤 가족들을 데리고 다시 트리에스테로 발길을 돌리고, 돌아오는 도중에 그의 비통한 심정을 담은 시 〈분화구에서 나오는 가스〉(Gas from a Burner)를 썼다. 이것은 그가 조국 아일랜드와 결별을 선언하는 것이었다.

> 항상 작가와 예술가를 추방하고
> 아일랜드 풍의 장난기로
> 한 사람 한 사람씩 지도자를 배반한
> 아름다운 이 나라.

이듬해인 1913년은 조이스에게 행운의 시작을 알리는 해였다. 영어 가정교사로서 보다 나은 자리를 확보하고 수입도 늘어서 지암바티스타 비코(Giambattista Vico) 광장 근처에 아파트를 얻어 학생들을 가르치게 된다. 이때 조이스는 이탈리아의 철학자 비코(Vico)의 철학을 깊이 연구하게 되고, 또한 학생들과 비코에 대한 많은 토론을 하게 된다. 이것을 계기로 역사순환설로 유명한 비코의 철학은 『율리시즈』와 『피네간의 경야』의 중요한 소재가 된다.

이 해 11월 그랜트 리처즈는 『더블린 사람들』의 출판을 다시 고려해 보겠다는 제의를 하게 된다. 12월 에즈라 파운드(Ezra Pound)와 교신이 시작된다. 파운드는 예이츠를 통하여 조이스를 알게 된 것이었다. 이때 파운드는 『에고이스트』(The Egoist) 지에 조이스의 『초상』이 연재되도록 주선해 준다. 파운드는 『초상』을 높이 평가했다. 1914년 파운드의 도움으로 『초상』이 조이스의 생일인 2월 2일부터 『에고이스트』지에 연재되기 시작한다. 암울한 긴 세월을 보낸 조이스에게 행운이 찾아오고 있었다. 큰 용기를 얻은 조이스는 다시 리처즈에게 『더블린 사람들』의 출판을 부탁하자 리처즈는 그제야 이를 승낙한다. 1914년 6월 15일, 우여곡절 끝에 『더블린 사람들』이 마침내 출판된다. 조이스는 다시 창작열이 불붙기 시작한다. 같은 해에 조이스는 『율리시즈』를 기초(起草)하고 『추방된 사람들』(Exiles)도 집필하기 시작했다. 그러나 이 해 7월 오스트리아와 세르비아 사이에 전쟁이 일어났다. 제 1 차 세계대전의 시작이었다.

 1915년 6월 조이스는 중립국 스위스로 출국할 수 있는 허가를 받아 취리히로 또 다시 망명의 길에 오르게 된다. 작가로서 생계를 유지하기에는 아직 힘이 들었다. 이해 8월 파운드와 예이츠의 도움으로 영국왕실문학기금(British Royal Literary Fund)의 보조를 받게 된다. 『더블린 사람들』의 판매 부수는 얼마 되지 않았고, 『초상』을 책으로 발간하는 일도 수월하지 않았다. 당시 『초상』은 "형식이 결여된 산만한" 작품이라는 평을 받았다. "의식의 흐름"이라는 기법을 대담하게 도입, 문학 기법의 변혁을 시도한 조이스의 의도를 이해해 줄 사람은 많지 않았다.

▶ 취리히에서의 조이스(1915)

◀ 노라 조이스, 아들 조지오, 딸 루시아(취리히, 1918)

『초상』은 해리어트 쇼 위버(Harriet Shaw Weaver : 당시 『에고이스트』지의 편집장)와 휩쉬(B. W. Huebsch)의 도움으로 1916년 12월 29일 책자로 출판되었다.

취리히에서의 조이스의 생활은 즐거운 것이었다. 고급 카페를 드나들며 술과 환담을 즐기며 여러 예술가들과 사귀었다. 당시 취리히는 많은 극작가들이 피난해 온 곳으로 입센에 의해서 시작된 현대 연극 운동의 중심지가 되고 있었다.

1917년 조이스는 국제적인 명성을 얻기 시작했다. 많은 후원자들이 그에게 자금을 지원해 주었다. 그래서 조이스는 『율리시즈』 집필에 집중할 수 있었고, 이 해 『율리시즈』의 18개 에피소드 중 3개 에피소드의 초고를 마무리짓고, 이 소설 전체의 뼈대를 거의 완성시켰다. 그러나 불행히도 홍채염이 악화되어 눈 수술을 받게 된다. 수술 후 조이스는 알프스 산맥 남부에 있는 로카르노(Locarno)에 머물면서 휴양 생활을 하게 된다.

1918년 뉴욕의 『리틀 리뷰』(*Little Review*) 지에 『율리시즈』의 연재가 시작되고 『추방된 사람들』이 영국과 미국에서 동시에 출판된다.

1919년 『율리시즈』는 런던에서 발간되는 『에고이스트』 지에도 연재된다. 조이스 가족은 트리에스테로 귀환하여 다시 영어를 가르치게 된다. 에즈라 파운드는 조이스를 계속 후원했다.

1920년 조이스는 파운드를 만나게 되고 그의 권유로 파리로 이주한다. 그러나 이 무렵 조이스는 그의 생애에서 "가장 큰 비극"을 맞게 된다. 가장 아끼고 사랑하는 딸 루시아(Lucia)가 정신분열증 증세를 보였던 것이다. 7개국의 여러 곳을 방랑하면서 자란 자녀들의 성장 과정은 정상적인 것이 될 수 없었다. 경제적인 곤궁, 상이한 언어, 글을 쓰는 일에만 몰두하고 거기에서 오는 정신적·육체적 긴장을 술과 유흥으로 해소하는 아버지, 이 모든 것이 자녀들에게 나쁜 영향을 미쳤다.

셰익스피어 출판사(Shakespeare & Company)를 운영하고 있는 실비아 비치(Sylvia Beach) 여사는 파운드와 더불어 조이스에게는 은인이었다. 그녀와 파운드를 통해서 조이스는 당대의 문학

▶
『율리시즈』를 출판한
셰익스피어 출판사에서의
실비아 비치와 조이스
(파리, 1920)

의 거장들 ─ 엘리엇(T. S. Eliot), 마르셀 프루스트(Marcel Proust), 헤밍웨이(Ernest Hemingway), 셔우드 앤더슨(Sherwood Anderson), 거트루드 스타인(Gertrude Stein), 피츠제랄드(F. Scott Fitzgerald) 등 ─을 만나게 된다. 이 해 10월 뉴욕의 '사회악방지위원회'(The Society for the Suppression of Vice)는 『율리시즈』를 연재하고 있는 『리틀 리뷰』지를 고발하였다. 이 작품에 외설적인 내용이 많다는 것이었다. 그 결과 『율리시즈』의 연재가 중단된다. 이러한 중에서도 조이스는 여러 사람으로부터 후원금을 받게 되는데 록펠러(John D. Rockefeller)의 외동딸 해롤드 먹코오믹(Harold McCormick) 부인이 조이스에게 한 달에 1,000스위스 프랑을 지원해 준 사실은 특기할 만한 것이었다.

1921년 10월 홍채염이 더욱 악화되고 몸이 쇠약해져 현기증에 시달리면서도 조이스는 「페넬로페」(Penelope)와 「이타카」(Ithaca) 에피소드를 탈고함으로써 『율리시즈』의 완성을 보게 된다. 자신의 불행한 처지에도 불구하고 조이스는 『율리시즈』의 마지막을 몰리 블룸(Molly Bloom)의 생(生)에 대한 긍정의 외침("...yes I said yes I will Yes.")으로 끝맺었다.

1922년 2월 2일은 조이스에게 최고의 해였다. 그의 40회 생일이자 동시에 소설에 일대 혁명을 일으킨 『율리시즈』가 탄생한 날이었다. 이 작품은 파리의 셰익스피어 출판사(Shakespeare & Company)에서 출판되었다. 『율리시즈』에 대한 비평은 찬사와 비난이 교차했다. 이 작품의 내용을 잘 이해하지 못하는 사람들은 외설적인 내용의 우스갯소리라고 혹평했다. 심지어 올더스 헉슬리(Aldous Huxley)는 "작가 자신의 지식을 뽐내는 지식의 잡동사니"라고 혹평했다. 그러나 엘리엇은 "현대와 고대를 동시에 조명하여, 하나의 질서를 추구한 작품"이라고 평가했으며 그의 『황무지』(The Waste Land)가 『율리시즈』의 영향을 받았음을 인정했다. 헤밍웨이는 "신의 저주를 받을 정도로 놀라운 책" (Joyce has a most goddamn wonderful book)이라고 평했다. 예이츠와 버나드 쇼는 이 작품에 대해서 부정적인 견해를 보였다. 일반 독자들 중에는 이 작품이 교육상 유해하다는 이유로 자녀들이 읽지 못하도록 하는 사람도 많았는데. 이에 대해서 조이스는 "『율리시즈』가 읽을 책이 못 된다면, 인생은 살 것이 못 된다" (If Ulysses isn't fit to read, life isn't fit to live)고 응수했다.

조이스와 그의 동료들(파리, 1923)
[왼쪽부터 포드 매독스 포드(『트랜스애틀랜틱』(Transatlantic Review) 지의 발행인), 조이스, 에즈라 파운드, 존 퀸(『율리시즈』가 외설로 고발당했을 당시의 변호인)]

1. 생애와 작품 활동

1924년 파리 시절의 조이스 가족
(왼쪽 위부터 시계 방향으로 제임스, 조지오, 노라, 루시아)

『율리시즈』가 출판되자 조이스는 국제적인 명성을 얻고 수입도 좋아졌으나 다시 불행이 다가왔다. 안질이 더욱 악화되어 홍채염, 결막염, 녹내장 등의 합병증을 보였던 것이다. 1930년까지 그는 9차례의 수술을 받았으나 그것이 마지막이 아니었다. 이러한 신체적 악조건에도 불구하고 조이스는『율리시즈』다음으로 "하나의 세계의 역

눈 수술을 받고 침통한 표정의 조이스

사"를 쓰겠다는 의도를『에고이스트』지의 편집장 위이버(Weaver)에게 밝혔다. 1923년 그는 이 거대한 작품에 착수했는데 이것이 17년의 긴 세월이 흘러 1939년에 발간된『피네간의 경야』이다. 이 작품은 처음에 "진행 중인 작품"(Work in Progress)이라는 가제(假題)로 잡지에 시리즈로 발표되었다. 수개 국어를 혼용하고, 엄청난 언어의 유희를 하고 있는 이

『피네간의 경야』집필 착수 후 조이스(서섹스, 1923)

1. 생애와 작품 활동

작품에서 조이스는 과연 '언어의 마술사'다운 면모를 과시한다.

1927년 사무엘 로쓰(Samuel Roth)가 『율리시즈』를 『월간 두 세계』(Two Worlds Monthly)에 무단으로 연재하게 된다. 미국 정부가 이 작품을 외설물로 간주하여 조이스에게 저작권을 승인하지 않게 되자 로쓰는 이를 이용한 것이다. 곧 이에 항의하는 운동이 전개되었는데, 이에 가담한 사람들 중에는 아인슈타인(Albert Einstein), 엘리엇(T. S. Eliot), 포스트(E .M. Foster), 앙드레 지드(Andre Gide), 헤밍웨이(Ernest Hemingway), 로렌스(D. H. Lawrence), 버지니아 울프(Virginia Woolf), 예이츠(W. B. Yeats) 등이 포함되어 있었다.

이제 조이스는 국제적인 명성을 얻게 되어 그의 작품들이 유럽 여러 나라 말(프랑스어, 독일어, 이탈리아어 등)로 번역되었고, 당시 유명한 작가들과 교분을 가지게 되었다. 1930년 허어버트 고오먼(Herbert Gorman)이 조이스의 전기를 쓸 사람으로 선정되었다. 그러나 이 무렵 조이스는 너무나도 많은 에너지를 소모했기 때문에 육체는 쇠약해져 있었고 격렬한 열정 뒤에 오게 되는 일종의 허탈감에 빠져 있었다.

1931년 조이스 가족은 영국으로 이주했는데 조이스는 이를 "다섯 번째의 도피행"(fifth hegira)이라고 했다. 이주한 목적은 여생이 얼마 남지 않은 그의 아버지와 가까운 곳에 거주하는 것, 그리고 노라와의 정식 혼인 신고를 하는 것이었다. 조이스는 결혼이란 하나의 인습 또는 허식에 불과하다는 이유로 이를 거부했던 것이다. 그럼에도 불구하고 뒤늦게 정식 혼인 신고를 하게 된 이유는 그의 아버지의 재산 상속에 따르는 문제를 미연에 방지하는 데 있었다. 결혼식은 1931년 7월 4일 런던의 어느 호적 등기소에서 거행되었다.

결혼을 형식에 불과한 것이라고 여겨 반대하던 조이스가 뒤늦게
결혼식을 올리러 가는 장면(런던, 1931년 7월 4일)

조이스의 딸 루시아(1926)

딸 루시아의 정신 분열 증세가 악화되어 공포, 히스테리, 폭력 등의 증세를 보이자 조이스는 비탄에 빠지게 된다. 1933년 12월 조이스는 외설 시비로 뉴욕에서 재판에 계류 중이던 『율리시즈』가 존 울지(John M. Woolsey) 판사의 판결로 승소하였다는 내용의 전화를 받게 되는데, 이때 루시아가 전화선을 끊어 버리는 해프닝이 발생하였다. 조이스는 딸의 광기를 단순히 열등 의식 때문이라고 여겼으나, 딸이 집을 뛰쳐나가기도 하고 격리 수용 병원에서 도망치는 일도 일어났다. 한 때는 방에 불을 지르는 사건까지 일어났다. 이러한 일로 조이스는 우울증과 불면증에 시달리게 된다. 여러 의사에게 딸을 데리고 가게 되는데 그 중에 한 사람이 칼 융(Carl Jung)이었다. 루시아는 자신의 병이 "성(性)에 굶주렸기 때문에 생긴 것"이라고 자가 진단을 내리기도 한다. 조이스는 딸을 결혼시키면 증세가 호전되리라는 생각을 해보기도 한다. 사무엘 베케트(Samuel Beckett) 등 몇 명의 남자들과 혼담이 오고갔으나 그들은 그녀의 파트너 역할은 할 수 있어도 그녀를 사랑할 수는 없었다.

그러나 조이스는 창작에 대한 끈질긴 집념을 버리지 않고 『피네간의 경야』를 완성시키는 데 몰두함으로써 불우한 현실을 극복해 나갔다.

1939년 그의 57회 생일에 조이스는 『피네간의 경야』의 인쇄

취리히의 제임스 조이스(1938)

1. 생애와 작품 활동

본을 받게 되었고, 그해 5월 4일 런던의 페이버 앤드 페이버사(Faber and Faber)와 뉴욕의 바이킹 출판사(The Viking Press)에서 정식으로 출간되었다.

제2차 세계대전이 발발하자 조이스의 가족들은 또 다시 이곳 저곳을 헤매게 되고, 루시아는 이 병원 저 병원을 옮겨다니는 처지가 된다. 조이스는 다시 심한 음주벽에 빠진다. 이제 조이스의 창작력도 쇠진해 버렸다. 이 무렵 그는 심한 복통 증세를 보인다. 그에게 죽음의 그림자가 다가오고 있었다.

1940년 크리스마스 이브에 조이스 가족은 다시 피난처인 취리히로 이주한다. 1941년 1월 11일 조이스는 십이지장궤양으로 취리히의 적십자 병원에 입원, 수술을 받았으나 1월 13일 사망하게 된다. 이틀 후 『더블린 사람들』의 「사자들」의 마지막 장면과 같이 음산하고 눈이 오는 날에 그는 취리히의 플룬테른 공동묘지(Fluntern Cemetery)에 묻혔다. 1951년 노라도 그와 함께 이곳에 안장되었다.

◀
취리히 플룬테른 공동묘지에 있는 조이스의 무덤
(근처에는 동물원이 있다. 그의 처 노라는 이렇게 말했다. "그이는 사자를 끔찍이 좋아했죠. 사자의 포효를 들을 수 있으니 땅속에서도 좋아하실 거예요.")

조이스의 묘지를 찾은 에즈라 파운드(취리히)

조이스는 갔지만 그가 남긴 작품 속에는 시대를 앞서 문학의 혁명을 시도한 작가의 대우주적인 세계가 담겨 있다. 그의 작품은 자신이 말한 대로 불후의 명작으로 또한 수수께끼로 남아 우리에게 많은 숙제를 남기고 있다.

조이스의 데스 마스크

2

『더블린 사람들』
― 현대인의 마비된 정신 세계 ―

　조이스의 문학 배경은 더블린에 한정되고 있으며 그의 작품 전체가 하나의 거대한 책인 양 연결·확대되어 가는 특성이 있다. 그의 후기 작품인 『율리시즈』의 주제나 복잡한 기법들이 이미 『더블린 사람들』과 『초상』에서 예견되고 있으며 조이스 자신도 『율리시즈』를 이 두 작품의 연속물로 간주한 바 있다. 따라서 『디블린 사람들(Dubliners)』의 올바른 이해는 조이스 문학의 본질을 이해할 수 있는 기초가 되며, 더욱이 그의 난해한 후기 소설에 접근하는 실마리를 제공한다고 볼 수 있다.
　『더블린 사람들』은 제임스 조이스 최초의 소설로서 그의 청년기인 1904년과 1907년(22~25세) 사이에 쓰여진 작품이다. 이 작품은 출판 문제를 둘러싸고 작가와 출판업자 사이에 극심한 투쟁을 겪음으로서 7년 후인 1914년에서야 비로소 출판되었다.
　후기 빅토리아조(朝)의 문학 전통의 굴레에서 벗어나기를 두려워하던 출판업자들이 "bloody"(빌어먹을), "changed the position of her

legs often"(다리를 자주 꼬았다) 등과 같은 표현이나 실제의 이름, 장소 또는 당시의 정치와 종교에 대한 직접적인 언급을 한 것 등을 받아들이기란 힘든 일이었다. 또한 그들은 이 작품의 구조와 기법이 가지는 의미와 중요성을 이해하지 못하고 "일관된 형식이 결여된 일련의 자연주의적 스케치"에 불과한 것으로 평가했다.

이에 맞선 조이스의 항변은 출판업자와의 교신에 잘 나타나 있으며, 여기서 그는 그의 창작 의도와 작품의 정당성을 강력히 주장하고 있다.

나의 의도는 내 조국의 도덕사의 한 장을 쓰는 것이었다. 그리고 나는 그 배경으로 더블린을 선정했는데, 나에게는 이 도시가 마비의 중심지로 보였기 때문이다.

조이스는 이 작품의 '마비'의 양상을 유년기 - 청년기 - 장년기 - 공중 생활의 순서인 네 단계로 나누어 전개한다고 했다. 『더블린 사람들』의 전체 구조는 다음과 같다.

유년기	청년기	장년기	공중 생활	에필로그
「자매들」(The Sisters)	「이블린」(Eveline)	「구름 한 점」(A Little Cloud)	「위원실에서의 기일(忌日)」(Ivy Day in the Committee Room)	「사자(死者)들」(The Dead)
「만난 사람」(An Encounter)	「경주가 끝난 후」(After the Race)	「상대자들」(Counterparts)	「어머니」(A Mother)	
	「두 건달」(Two Gallants)	「진흙」(Clay)	「은총」(Grace)	
「애러비」(Araby)	「하숙집」(The Boarding House)	「끔찍한 사건」(A Painful Case)		

『더블린 사람들』이 단순한 자연주의적 스케치가 아닌 것은 이 작품이 이루고 있는 특유의 구조, 기법, 그리고 주제의 일관성에 그 근거를 두고 있다.『더블린 사람들』의 15개 단편들은 그 자체로서 하나의 스토리와 주제를 가지고 있다. 각 단편들은 각기 다른 연령층, 인물, 배경을 가지면서 그 전후 단편들과 유기적인 관계를 유지하며, 4개로 나누어진 각 스토리 군(群)으로 통합되고, 주제의 일관성을 유지하면서 종장(終章)격인 「사자들」로 이어지는 면밀한 구조를 가지고 있다.

각 단편에서는 도덕적·정신적·지적(知的)인 측면에서 '마비' (paralysis)된 인물들을 그리고 있다. 그들은 무기력하며 좌절과 실의에 빠져 있고, 위선적인 면을 노출시킨다. 이러한 정신적 마비의 여러 양상들은 유년기에서 성인기로, 개인에서 사회·정치·종교로 그 범위를 넓히면서 진행되어 가고 있다. 또한 각 단편들은 문체·화법·시점(視點)·성별·장소·상징적 이미지 등을 달리하면서도 단일 주제를 이루기 위하여 전개되어 간다.

유년기 - 청년기 - 장년기 - 공중 생활의 연대기적인 패턴으로 나타나고 있는 '마비'의 형태는 어린 소년의 한정된 관점에서 시작되어 연령이 많아짐에 따라 점점 마비의 색채가 뚜렷해진다. 그리고 그것을 인식하게 됨에 따라서 주인공들의 좌절감과 그것으로부터 도피하려는 욕망이 가중된다. 주인공들의 자아 인식의 단계가 각 스토리의 클라이맥스가 된다.

유년기 그룹에 속하는 이야기들은 「자매」(The Sisters), 「만난 사람」(An Encounter), 「애러비」(Araby)이다. 여기에 나오는 주인공들은 아직 순박한 어린이의 관점에서 외부 세계를 보기 때문에 그들은 '마비'를 인식할 수도 이해할 수도 없다. 그들을 둘러싸고 있는 환경이 이미 마비된 상태에 있기 때문에 그 영향에 의해서 그들은 한결같이 좌절을 맛보게 된다. 각 단편의 주인공인 세 소년은 모두 고아이며 성격 면에서는 각기 다른 유형으로 나타난다. 「자매」의 소년은 탐구적이고, 「만난 사람」의 소년은 모험적이며 「애러비」의 소년은 낭만적이다. 이러한 대조를 이루면서, 마비된 더블린의 환경 때문에 정신적 발육이 저해되거나 마비된 소년들의 모습을 그리고 있다.

유년기의 이야기들이 모두 1인칭으로 서술되고, 또한 주로 간접 화법을 사용함으로써 주제를 효과적으로 전달하고 있다. 순진한 소년들이 외부 환경을 보는 관점이나 그것들로부터 얻는 느낌은 주관적이기 때문이다.

청년기의 이야기들의 구조적 특성으로는 먼저 주인공들의 성별의 대조를 들 수 있겠다. 「이블린」(Eveline)과 「경주가 끝난 후」(After the Race)는 여주인공 이블린과 남자 주인공 지미 도일(Jimmy Doyle)의 이야기이다. 「두 건달」(Two Gallants)의 주인공은 두 남자 레네한(Lenehan)과 코올리(Corley)이고, 「하숙집」(The Boarding House)의 주인공은 두 여자 무니 부인(Mrs Mooney)과 딸 폴리(Polly)이다. 청년기의 4개의 스토리는 앞의 두 이야기와 뒤의 두 이야기가 쌍을 이루고 있다.

이블린과 지미 도일은 유사한 점이 있다. 한 사람은 우둔하고 단순한 성격의 처녀이고, 또 한 사람은 세심해 보이지만 어리석은 청년이다. 여자는 가난에 찌들어 있지만, 남자는 부유한 집안의 자식이다. 이 두 주인공은 소위 자신들이 말하는 '삶'이라는 것을 향하여 도피를 꿈꾸는 젊은이들이지만 그렇게 할 수 있는 용기도, 의지도 없다. 그들은 끝내 그들이 익숙해져 있는 마비와 생중사(生中死)의 현실로 되돌아오고 만다.

「두 건달」의 두 젊은이는 용돈을 마련하기 위해 한 여자에게서 돈을 뜯어내고, 「하숙집」의 두 여자는 성실한 남자 밥 도런(Bob Doran)을 함정에 빠뜨려서 그가 폴리와 관계를 갖게 되자 그 보상으로 결혼을 요구한다.

이와 같이 청년기의 스토리에서는 더블린 젊은이들의 삶에 대한 가치 인식의 결여와, 그들의 약탈과 기생적 삶의 모습이 남녀의 대조를 이룬 두 쌍의 얘기를 통해 나타나고 있다.

장년기의 설계는 결혼 생활과 독신 생활로 구분된다. 「구름 한 점」(A Little Cloud)과 「상대자들」(Counterparts)은 전자에 속하며 「진흙」(Clay)과 「끔찍한 사건」(A Painful Case)은 후자에 속한다.

「구름 한 점」의 주인공 리틀 챈들러(Little Chandler)는 유럽에서 기자 생활을 하는 옛 친구를 만난 뒤 자신의 처지에 심한 열등감을 느낀다. 자기도 한번 출세해 보아야겠다고 마음먹고 시인으로서의 자기 이상을 꿈꾸어 본다. 옹졸한 가장(家長)인 그는 소심한 성격 탓으로 그의 이상은 한낱 공상에 그치고, 공연히 자신에 대한 굴욕감만 느끼게 된다. 반면에 「상대자들」의 패링턴(Farrington)은 난폭한 성격에다 남편과 아버지로서의 의무감을 깨닫지 못하는 인물이다. 결혼 생활을 다룬 이 한 쌍의 이야기는 두 주인공의 성격이 대조를 이루고, 다음에 이어지는 「진흙」과 「끔찍한 사건」은 독신 생활을 하는 여자와 남자의 이야기로 전반부와 대조를 이룬다.

「진흙」의 마리아(Maria)는 독신으로 지내는 늙은 하녀이다. 그녀는 겉으로는 자신의 독신 생활에 만족을 느끼고 결혼을 회피하는 것같이 보이지만 은근히 결혼을 동경하며 주위 사람의 호감을 사려고 애쓴다. 그러나 그녀는 근본적으로 애정의 깊이를 모르는 정신적 불감증을 보인다. 반면에 「끔찍한 사건」의 더피(Duffy) 씨는 주위 사람들로부터 철저히 자신을 고립시키고 그런 생활에 만족하지만 결국 자신의 삶이 허황된 것이라는 자각에 이르게 된다. 이러한 독신 생활을 하는 두 남녀를 통해서 나타나는 불모의 삶이 한 쌍의 스토리로 연결되고 있다.

공중 생활(Public Life)의 이야기들은 아일랜드의 정치·예술·종교의 문제를 풍자하고 있다. 「위원실에서의 기일(忌日)」(Ivy Day in the Committee Room)[5])에서는 정치와 돈을 결부시키는 사람들의 모습을 통하여 아일랜드 정치의 과거와 현재를 대조시키고 있다. 「어머니」(A Mother)에서는 출연료 시비로 시시한 말다툼을 하는 장면들을 통하여 더블린 예술계의 진부한 일면을, 그리고 「은총」(Grace)에서는 아일랜드의 타락된 종교의 이미지를 퓨돈(Pudon) 신부의 속된 설교를 통해서 노출시키고 있다.

공중 생활의 이야기들은 대부분 직접화법으로 묘사되어 있는데 이는 유년기 이야기들에서 간접화법을 사용한 것과 대조를 이룬다. 공중 생활(정치·문화·종교)의 장면을 다루는 데 있어서는 직접화법을 사용하는 것이 그 객관성과 사실성(寫實性)

---

[5]) Ivy Day는 파아넬의 기일인 10월 6일로 그를 찬양하는 이들은 이날 가슴에 담쟁이 잎을 단다.

을 부각시키는 데 보다 효과적이기 때문이다.

『더블린 사람들』의 각 단편은 그 독립성이 유지됨은 물론, 정교한 설계에 의하여 단편들이 서로 긴밀한 연관성을 가진다. 각 단편은 주제를 반복시키는 하나 하나의 주기(cycle)로서 순환되어 '도덕적 마비'라는 중심 주제로 통합된다. 이렇게 함으로써 같은 주제를 반복하는 일련의 이야기들이 가질 수 있는 단조로움을 피하는 효과가 있다. 이러한 유형은 소설의 새로운 장르로서 "Short Story Cycle"이라고 일컫는다. 이것은 단편들이 모아져서 하나의 책을 이루며, 각 단편들이 일정한 주제·인물·배경·모티프·상징·이미지 등을 반복하는 것이다. 그리고 이러한 반복적인 요소들이 작품이 전개됨에 따라 점점 확대되고, 구체화되고, 복잡해져 하나의 큰 통일체를 형성하게 된다. Short Story Cycle 형식은 각 단편이 서로 다른 이야기를 다루고 있지만 그것들간의 상호 관련성을 중요시한다. 그러나 각 스토리는 자체로써 하나의 완성된 개체를 이루기 때문에 일반적인 장편 소설(novel)과는 다르다. 『더블린 사람들』은 Short Story Cycle의 대표적인 예로 볼 수 있다.

조이스는 이 작품의 거듭되는 주제인 '마비'를 암시하기 위하여 첫 번째 단편인 「자매」에 "paralysis(마비), gnomon(경절형),[6] simony(성직매매죄)"의 세 가지 주제어를 삽입하였다.[7] 또한 주

---

6) 평행사변형에서 한 각을 포함한 닮은꼴을 떼어 낸 나머지 부분. 유클리드 기하학에 나오는 말이다. 그림에서 밑줄 친 부분.
7) 1904년 아이리시 홈스테드(The Irish Homestead)에서 발간된 이 단편에는 이 세 가지 말이 포함되어 있지 않다.

제의 일관성에 도움을 주기 위하여 「두 건달」과 「구름 한 점」을 나중에 추가한 것과, 1906년 14개의 단편이 완료된 후 『더블린 사람들』의 대단원에 해당하는 「사자들」을 다시 추가한 것 등은 모두 이 작품의 구조 및 주제의 단일 효과를 살리기 위한 작가의 의도적인 행위였다.

『더블린 사람들』의 각 스토리들이 서로 연계성을 가지게 되는 요소로서 선회, 방향, 색채의 이미지가 중요한 구실을 한다.

주인공의 선회(旋回) 운동(circular movement)이 암시하는 이미지는 더블린 사람들이 '마비'의 굴레에서 헤어나지 못하고 배회하는 모습을 나타낸다. 이것은 그리스 신화의 다이달로스(Daedalus)가 미궁(Labyrinth)을 헤매는 모습과 흡사하다.

「만난 사람」에서 소년은 판에 박힌 학교 생활에 지친 나머지 하루는 학교를 빼먹고 친구들과 더블린 교외에 있는 피전 하우스(Pigeon House : 더블린 만의 방파제에 있는 요새. 지금은 발전소로 쓰이고 있다.)에 가 보기로 한다. 그러나 목적지인 피전 하우스에는 가지도 못한 채 도중에서 "암녹색 두 눈을 가진 멍청한 늙은이"를 만나게 된다. 「자매」에서 중풍(paralysis)으로 죽은 플린(Flynn) 신부와 동일한 이미지를 보이는 이 얼빠진 듯한 늙은이가 쓸데없이 반복하는 대화와 행동은 선회의 이미지로서, 그의 정신적 마비 상태를 나타낸다.

그는 나에게, 그가 외운 무슨 말을 되풀이하고 있거나, 자기가 한 어떤 말에 매혹되어서 그의 마음이 같은 궤도를 천천히 빙빙 도는 것 같은 인상을 주었다.

「두 건달」은 하녀에게서 돈을 뜯어 용돈을 마련하는 코올리(Corley)와 또 그 약탈자에게 기생하여 살아가는 레네한(Lenehan)이라는 두 청년의 이야기이다. 두 건달은 도덕성이 마비된 더블린 젊은이들의 표본이다. 레네한이 더블린 시내를 배회하는 것도 선회의 이미지이다.

선회의 이미지가 나타내는 마비의 양상은 『더블린 사람들』의 대단원에 해당하는 「사자들」에서도 나타난다. 주인공 가브리엘 콘로이(Gabriel Conroy)의 아주머니 케이트(Kate)와 줄리아(Julia)가 주최한 댄스 파티는 겉으로는 흥겨운 축제로 보이지만 파티에 참석한 사람들의 모습에는 '마비'의 그림자가 드리워져 있고, 실상 그 파티는 죽음의 파티를 연상시킨다. 파티가 끝나고 이른 새벽 모두가 귀가하려고 마차를 잡으려 할 때 가브리엘과 그의 아주머니들은 그의 할아버지가 가지고 있었던 조니(Johnny)라는 말(馬)에 대해서 농담을 하게 된다. 그 말은 그 영감의 풀 공장에서 방아를 돌리는 일을 했는데, 그 영감이 말을 타고 공원에서 열렸던 열병식 구경을 하러 가게 되었을 때, 말이 윌리엄(William) 왕 동상 앞에서 까닭 모르게 동상 주위를 빙빙 돌았다는 얘기이다. 가브리엘이 그러한 말의 모습을 흉내내는 것도 선회의 상징이다.

방향의 이미지 또한 『더블린 사람들』의 순환적 구조에 중요한 역할을 한다. 작중 인물들이 동쪽으로 도피하고자 하는 것은 마비된 현실을 직면하여 투쟁함으로써 자신을 고양시키려 하지 않고, 자신의 의식으로부터 도피하여 단지 공상 속에서 일시적인 위안을 얻으려는 것을 상징적으로 나타낸다.

「자매」에서 소년은 멀리 페르시아 같은 곳에 갔었던 꿈을 회상한다. 꿈속에서 자신을 위압했던 신부가 —— 마치 소년이 신부인 양 —— 무슨 고백을 하려 했던 모습을 생각하며 소년은 위안을 얻으려 한다. 이것은 마비된 환경으로부터 어딘가 신비로운 세계로 도피하려는 소년의 잠재의식의 표출이다.

「애러비」에서 소년은 친구의 누나를 연모하게 되고 애러비(Araby)라는 바자(bazar)에 가서 그녀에게 선물을 사 주겠다고 약속한 후 그날을 손꼽아 기다린다. 그 '애러비'라는 이름이 소년에게 "동양적인 마법"을 건다. 여기에서도 '애러비'라는 말은 소년에게 동양적인 신비로움을 불러일으키고, 그 세계는 자신의 모든 열망과 안식의 대상이 된다. 그러나 더블린을 감싸고 있는 마비의 검은 그림자들은 한결같이 소년의 꿈과 낭만을 좌절시켜 버린다. 바자가 끝난 후, 선물을 사지도 못한 채, 남녀간의 저속한 대화를 들으며 불이 꺼져 가는 거리로 나오면서 소년은 허영에 농락당한 못난 자신을 발견하고는 분노를 느낀다.

「구름 한 점」의 주인공 리틀 챈들러(Little Chandler)는 예전에는 초라한 행색의 친구였으나 지금은 런던에서 기자로 출세한 갤러허(Gallaher)를 만나 대륙 여행담을 듣고 그를 한없이 부러워하게 된다. 현재의 자신의 궁색한 처지를 한탄하면서 챈들러는 자신도 과감히 더블린을 떠나 이름을 떨치는 시인이 되어보려는 망상에 사로잡힌다. 예술과는 거리가 먼 자신의 집으로 돌아온 그는 아내의 사진을 바라보면서 그녀의 눈과, 친구 갤러허에게서 들은 바 있는 "부유한 유대 여자의 눈"을 비교하게 된다. 그녀의 "검고 동양적인 눈"(the dark oriental eyes of Jewess)

은 챈들러가 동경하는 세계의 상징이다. 일시적으로나마 자신의 포부로 인하여 우월감을 느낀 그는 바이런의 시를 읽는다. 이때 마침 아이가 깨어 울기 시작하자 그는 다시 마비된 현실 세계에 갇힌 자신을 한탄하면서 아기에게 버럭 소리를 지른다.

소용없는 일이었다. 그는 읽을 수가 없었다. 아무 것도 할 수가 없었다. 아기의 울음소리가 그의 고막을 찢는 듯 했다. 소용없는 일, 소용없는 일! 그는 삶의 포로였다. 화가 나 팔이 떨렸다. 그는 아기의 얼굴 쪽으로 머리를 홱 숙이며 버럭 소리를 질렀다.
—뚝!

시인이 되어 보려던 챈들러의 꿈은 뜬구름 같은 것이었고 그의 이국 여자에 대한 환상은 다시 돌아온 현실에 의해서 자취를 감추고 만다.

더블린의 문화의 마비된 양상을 나타내는 「어머니」의 주인공 키어니 부인(Mrs Kearney)은 겉으로 보기에는 상당한 교양과 우아한 자태를 지닌 여자이다. 그녀는 변변찮은 자기 딸을 애란 독립협회 주최의 음악회에 내보냄으로써 자신의 낭만과 허영심을 달래 보려 한다. 그러나 4실링의 출연료 차액 시비로 주최측들과 말다툼을 하고, 도중에 딸을 데리고 퇴장해 버린다. 처녀 시절 그녀는 "자기 교양의 싸늘한 세계"에서 도사리고 앉아 어떤 구혼자가 나타나 그 세계를 쳐부수고 자신을 찬란한 생활로 이끌어 주기를 기다렸다. 그녀가 만났던 청년들은 모두들 그녀의 기대 수준에 미치지 못하여 그녀는 아무런 반응도 보이지 않았고 몰래 "터키 눈깔사탕"(Turkish Delight)이나 먹으면서 그녀의 낭만을 달래곤 하였다. 그러나 혼기의 한계점에 이르러 주위 사람들이 그녀 얘기를 수군거리기 시작하자 화풀이로 별안간 키어니 씨(Mr Kearney)와 결혼하여 주위 사람들의 입을 막아 버린 여인이다. "터키 눈깔사탕" 역시 동양적 이미지이다. 그 사탕을 먹으며 로맨틱한 꿈을 달래던 그녀는 구두장이 키어니 씨와 결혼해 버림으로써 그 낭만은 빛을 잃고 만다.

이상의 예에서 보는 바와 같이 동쪽은 등장 인물들이 지향하는 도피의 방향이다. 그러나 그것은 환상에 불과하기 때문에 곧 좌절과 회의가 뒤따른다.

『초상』의 말미는 다이달로스가(Daedalus)가 크레타(Crete) 섬을 탈출하듯이 스티븐 디덜러스(Stephen Dedalus)가 더블린을 떠나 대륙으로 가려는 결의를 보이는 장면이다. 이 부분은『더블린 사람들』의 말미에서 창밖에 내리는 눈을 응시하며 눈 덮인 지상의 모든 생자(生者)와 사자(死者)와의 교감을 느끼고 서쪽으로 여행을 떠나려는 가브리엘 콘로이의 결의와 대응을 이룬다. 앞의 단편들의 주인공들이 동쪽으로 도피를 꿈꾸지만 마지막 단편이자 결론부인「사자들」의 주인공이 대조적으로 서쪽을 지향하는 것은 중요한 의미가 있다. 전통적으로 서쪽은 '사자들'(The Dead)의 세계를 상징하지만, 가브리엘이 서쪽을 지향하는 것은 죽음으로 인도하는 절대의 신, 또는 운명을 과감하게 받아들이겠다는 용기로 해석할 수 있다. 가브리엘은 주인공들 중에서 비로소 완전한 자아 인식의 모습을 보여주는 인물이다.

『더블린 사람들』의 배경과 인물을 묘사하는 데 있어서 나타나는 색채는 이 작품의 또 하나의 중요한 상징적 이미지가 되고 있다. 조이스는 출판업자에게 보낸 한 편지에서 "이야기들 속에서 재, 묵은 잡초, 찌꺼기 냄새가 풍기는 것은 나의 잘못이 아니다"(It is not my fault that the odour of ashpits and old weeds and offal hangs round my stories)라고 했다. 조이스는 갈색과 노란색, 그리고 회색을 사용하여 마비와 부패의 효과를 나타내고 있다. 조이스는 이러한 색채로 『더블린 사람들』의 거의 모든 첫 번째 스토리인 「자매」에서는 신부의 육체적인 마비(중풍)가 종교적 마비의 암시가 되고, 인물과 배경의 색채를 통하여 이러한 암시의 효과가 고조되고 있다.

웃을 때마다 크고도 누런 이빨을 드러내 보이던 신부는 마침내 중풍(paralysis)에 걸려 죽게 되고, 그의 관이 놓여 있는 방은 어슴푸레한 황금빛으로 가득 차 있다. 「만난 사람」에서 "멍청한 늙은이"(old josser)의 "누런 이빨 사이에 크게 벌어진 틈"도 마비의 이미지를 잘 부각시키고 있다. 두 늙은이의 'yellow teeth'는 정신적인 마비를 암시하는 동일한 이미지로 사용되고 있다.

「애러비」의 배경 역시 갈색의 건물("The other houses of the street...with brown imperturbable faces"), 신부가 살았으나 지금 폐가가 된 집의 곰팡이 냄새("air musty"), 흩어진 휴지("old useless papers"), 잿구덩이에서 풍겨 나오는 냄새("odours...from the ashpits") 등으로 묘사되어 "마비의 중심지"의 이미지를 잘 부각시키고 있다. 「경주가 끝난 후」의 주인공 지미(Jimmy)의 갈색 수염과 회색 눈동자는 더블린 시가를 질주하는 대륙(프랑스)에서 온 차들의 푸른 색깔과 대조를 이룬다.

「두 건달」은 8월의 저녁 무렵을 배경으로 이야기가 전개된다. 잿빛으로 물든 후덥지근한 저녁 시간에 코올리와 그의 부하 격인 불그스레한 얼굴의 레네한이 더블린 거리를 배회하다가 하녀에게 돈을 뜯어내는 데 성공한다. 회심의 미소를 지으며 자신의 솜씨를 뽐내면서 코올리가 펴 보이는 손바닥에는 작은 금화 한 닢이 반짝거린다. 레네한의 얼굴색(ruddy), 코올리의 손바닥에 든 금화(gold coin), 그리고 레네한이 응시하는 "황혼의 회색 그림자"(the grey web of twilight)는 모두 마비를 상징하는 색채이다.

「하숙집」에서도 무우니 부인이 내쫓은 주정뱅이 남편의 창백한 모습은 모두 색채와 관련하여 묘사되고 있다. "초록색이 감도는 회색 빛"(grey with a shade of green)인 폴리의 요염한 눈이나, 그녀가 파 놓은 함정에 빠져서 마지못해 결혼을 하여야만 하는 밥 도런의 "3일간이나 깎지 않은 불그스름한 수염"(three days' reddish beard)의 색채는 모두 도덕적·정신적으로 마비된 인간의 모습을 상징하는 것이다.

「구름 한 점」의 챈들러는 사무실 창 밖의 정경을 내다보면서 인생을 생각하며, 운명에 거슬러 싸운다는 것은 쓸데없는 일이라고 생각한다. 그가 명상에 잠겨 바라보는 "황혼의 황금빛 소나기"(a shower of golden dust)는 마비의 색채이다. 이것은 「사자들」에서 창 밖에 내리는 눈을 응시하며 자각의 순간을 맞이하는 가브리엘과 좋은 대조를 보인다. 가브리엘이 응시하는 눈의 흰색은 자각과 차디찬 현실의 상징이다.

「상대자들」에서의 패링턴(Farrington)의 "검은 포도주색 얼굴" (dark wine-coloured face), 「진흙」에서 마리아가 쓰고 있는 낡은 밤색 우산, 그리고 그녀가 만성제 전야(Hallow Eve)의 놀이에서 집게 되는 진흙 등은 다같이 마비의 상징들이다.8)

「위원실에서의 기일」에서 술에 취해 아일랜드의 정치에 관한 얘기를 주고받는 선거 운동원들이나 「사자들」의 댄스 파티에서 술에 취해 흥청거리는 사람들은 모두 술에 중독된 사람의 모습인 갈색의 얼굴을 하고 있다. 파티에서 시종일관 술을 마셔 대는 브라운(Browne) 씨의 우글쭈글한 얼굴은 이름 그대로 온통 갈색이다. 토속적인 아일랜드 인물인 아이버즈 양(Miss Ivors)이 달고 있는 브로치는 아일랜드를 상징하며 그녀는 "주근깨 얼굴에 튀어나온 갈색 눈"(a freckled face and prominent brown eyes)을 가지고 있다.

파티의 축하용으로 테이블에 놓인 갈색 거위는 여러 가지 상징적 의미가 내포되어 있다. 이것은 날개가 그슬려져 요리된 (죽은) 거위이다. 이 거위의 색채 역시 마비의 상징인 갈색이다. 얼굴에 죽음의 잿빛이 감도는 두 늙은 아주머니가 이 요리된 거위를 갖다 주자, 사자(死者)들을 일깨우는 천사장과 같은 이름을 가진 가브리엘이 이를 자른다. 가브리엘이 퓨롱 양(Miss Fulong)에게 날개 부분을 권하자 그녀는 의미 깊게 이를 거절하고 가슴 부분의 고기를 청한다. 날개를 싫어하는 것은 「은총」

---

8) 만성제(萬聖祭) 전야(10월 31일로 천상의 여러 聖徒에 대한 축제일)에는 눈을 가리고 물건 집기 놀이를 한다. 반지를 집으면 결혼을 하게 되고, 진흙은 죽음을 뜻한다고 한다.

에서 묵상 기도회에 갈 때 촛불을 싫어하는 커어넌(Kernan) 씨와 같이 "마비의 중심지" 더블린에 갇혀 있는 사람들의 상징으로서 미궁에 갇힌 다이달로스와 동일한 이미지를 나타낸다.

더블린의 배경이나 인물들의 색깔이 갈색인 데 반하여 그곳에 사는 사람들이 선망하는 도피적 대상의 색깔은 푸른색으로 상징되고 있다. 「만난 사람」에서의 노르웨이 선원의 푸른 눈, 「두 건달」에서 하녀가 입고 있는 푸른색의 세루 스커트(blue serge skirt), 「끔찍한 사건」에서의 시니코(Sinico) 부인의 푸른 눈 등은 마비의 상태에 있는 주인공들을 유혹하는 상징이다. 또한 『더블린 사람들』에 있어서 푸른색은 바다(물)의 이미지로서도 사용된다. 바다는 세례반(洗禮盤)을 상징함으로써 재생의 의미를 가진다. 따라서 새로운 생활로 인도해 줄 바다를 건너지 못하는 이블린과, 닻이 내려진 채 바다 위에 떠 있는 요트에서 밤새껏 흥청대며 노는 지미의 모습은 정신적 또는 도덕적 죽음의 상태를 나타낸다.

색채의 이미지는 『더블린 사람들』 전체에 내재하는 요소로서, 마비의 주제를 부각시킴과 동시에 이 작품의 순환 구조를 이루게 하는 기능을 하고 있다.

『더블린 사람들』의 연대기적 분류(유년기 - 청년기 - 장년기 - 공중 생활)는 단순한 작품 배열의 순서를 떠나서 그 순서에 따라 주제의 효과가 상승되는 기능을 한다. 개인에서 사회·정치·문화·종교로 그 범위를 확대해 가며, 이러한 각 단계들이 마지막의 「사자들」로 귀결된다. 앞에 나오는 단편들의 각 요소들이 「사자들」에서 다시 재현되어 작품 전체가 단일체를 형성한다.

첫 단편인 「자매」와 마지막인 「사자들」 사이에는 상당한 유기적 관계가 있음을 볼 수 있다. 전자에서 나타나는 최초의 죽음의 이미지는 '사자들'이라는 제목과 암시적으로 연결된다. 또한 「자매」에서의 망령이 든 것 같은 두 자매는 「사자들」에서 죽음의 빛이 얼굴에 감도는 두 자매(Misses Morkan)와 동일한 이미지를 보인다.

『더블린 사람들』의 첫 단락에 나오는 "paralysis, gnomon, simony"는 이 작품의 전체적인 주제를 상징적으로 나타내고 있다.

밤마다 나는 창문을 쳐다보면서 마비라는 말을 혼자 나직이 중얼거렸다. 그 말은 유크리드 기하학에 나오는 경절형이라는 말이나, 교리문답서 속의 성직 매매 죄라는 말처럼 내 귀에는 언제나 이상하게 들렸다. 그러나 지금은 그 말이 무슨 해롭고 죄 많은 존재의 이름처럼 들렸다.

앞에서도 언급한 바 있지만 이 세 주제 용어는 조이스가 초고를 수정하여 삽입한 것이며, 작품의 첫 부분에 상징적으로 명시해 놓은 것은 중요한 의미를 가진다. 이는 『더블린 사람들』의 전체적인 흐름에 하나의 공약수적인 기능을 함과 동시에 이 작품의 15개 단편들을 일원화시키는 역할을 한다. 'paralysis'는 인물들이 사려 깊게 행동하는 능력의 부족을, 'gnomon'은 그 음영(陰影)의 이미지처럼 인물들의 정신적·육체적 발육 부진 및 불완전성을, 'simony'는 돈을 목적으로 자기 자신을 버리거나 남에게 파는 행위로 해석이 가능하다.

「자매」에서 중풍(paralysis)으로 죽은 신부는 소년에게 성직 매매의 죄(simony)를 범한 듯한 느낌을 준다. 육체적인 죽음의 이면에는 정신적 마비의 이미지가 내포되어 있다. 신부의 죽음을 다룬 첫 번째 이야기 다음에는 겉으로는 활발하게 살아가는 것 같은 사람들이 등장한다. 그러나 그들의 정신적인 면은 어딘가에 경절형(gnomon)의 형태처럼 불완전하거나, 그늘이 드리워져 있거나, 공허한 일면들이 노출된다. 이들은 거의가 그러한 상태에 있는 자신을 깨닫지 못한 상태에 있으며, 이러한 것을 자각하는 이블린, 「애러비」의 소년, 「구름 한 점」의 챈들러, 「끔찍한 사건」의 더피 씨가 있지만 그 자각을 실천에 옮길 용기나 힘이 없기 때문에 그들은 다시 미로를 헤매는 처지가 되고 만다.

중반부에 위치하고 있는 「끔찍한 사건」은 주제나 순환 구조 면에서 중요한 위치를 차지한다. 이것은 앞의 단편들과 그 뒤에 이어지는 공중 생활의 단편들을 이어주는 중요한 다리 역할을 한다. 주인공 더피 씨는 다른 주인공들이 가지고 있는 어리석음을 회피하기 위하여 철저히 은폐된 정신 생활을 한다. 그는 종교·가족·사랑·우정·결혼·정치·예술 등과 격리된 삶을 살아간다. 타락하고 부패된 환경 속에 자신을 빠뜨리고 싶지 않기 때문이다. 이러한 격리되고 은폐된 삶은 바로 생중사(生中死)의 상태이며, 고립된 삶에서 야기되는 정신적 불모의 상태는 그에게 보다 큰 마비의 일면이 잠재하고 있음을 보여준다. 그가 아일랜드 정치의 타락에 대해서, 그리고 흥행주들에게 맡기는 예술에 대해서 경멸을 보내는 것은 바로 뒤에 이어지는 정치의 부패를 다룬 「위원실에서의 기일」과, 문화의 통속성을 다룬 「어머니」의 전제 구실을 한다. 그리고 그가 남과 철저히 고립된 생활을 하는 것은 「은총」에 나오는 다수의 인물들이 서로 교제하는 것과 대조를 이룬다.

「끔찍한 사건」은 『더블린 사람들』의 클라이맥스로 볼 수 있으며 이어지는 공중 생활의 이야기들은 그것과 대단원인 「사자들」을 연결하는 역할을 한다.

『더블린 사람들』의 축도로 일컬어지는 「사자들」에서는 앞서 나타난 모든 살아 있는 자들의 마비적 양태가 많은 등장 인물들을 통해서 다시 부각된다. 댄스 파티에 모인 많은 사람들이 "마비의 중심지" 더블린에서 흥겨운 축제를 벌인다. 하지만 술과 춤과 떠들썩한 분위기 속에서 흥청거리는 참석자들, 고지식한 가브리엘, 그리고 얼굴에 죽음의 빛이 서린 가브리엘의 두 아주머니 등은 앞의 이야기들에서 이미 모습을 드러낸 바 있는 유형들이다. 다만 여기서는 각각이 아니고 파티에 참석한 집단적인 모임에서 연출되는 '마비'의 모습들이다. 『더블린 사람들』의 여러 단편들에서 볼 수 있는 음주 중독 상태와 같이 그들은 술과 흥취에 의존하여 애란의 예술과 민족주의에 대하여 논한다. 그들의 살아 있는 모습은 앞에서 본 갤러허(Gallaher)의 모습 ("Gallaher had lived, he had seen the world")이나 지미(Jimmy)의 모습("What merriment!... this was seeing life")과 같이 멋진 인생을 누리는 것처럼 보이지만 그들의 정신 세계는 마비되어, 육체적으로는 살아 있으나 정신적으로는 죽은 상태에 있는 것이나 다름없다.

고지식하고 자아 의식이 강한 가브리엘은 릴리(Lily)와 아이버즈 양(Miss Ivors)으로부터 자존심의 침해를 받고, 이어서 그의 아내의 옛 애인의 얘기로 심한 충격을 받는다. 죽은 옛 애인에 대한 그레타(Gretta)의 이야기는 그로 하여금 자신이 아내의 인생에서 얼마나 미약한 존재였는가를 느끼게 하고, 부질없이 품었던 욕정으로 인하여 자신에 대해 심한 비열감을 느끼게 된다. 그의 두 아주머니의 모습을 회상하게 되는 그는 그들에게 곧 다가올 죽음의 세계로 생각이 미치게 되고, 그의 의식은 희미하게 사자(死者)들의 영역으로 빠져든다. 그는 온 세상의 생자와 사자들에게 내리는 눈을 응시하며 현실과 죽음의 의미를 생각하게 된다. 이때 가브리엘은 『더블린 사람들』 중에서 비로소 완전한 자아 인식의 순간에 이르는 유일한 주인공이 된다.

온 세상에 사뿐히 내리는 눈 소리, 종말이 다가온 것처럼, 모든 살아 있는 자들과 죽은 자들에게 사뿐히 내리는 눈 소리를 들으며 그의 영혼은 천천히 의식을 잃어 갔다.

「자매」에서 암시된 죽음의 이미지는 정신적 마비 상태에 있는 수많은 살아 있는 사자(the living dead)들의 이야기를 거쳐 마지막 스토리인 「사자들」로 이어지며, 「사자들」의 끝 부분이자 『더블린 사람들』의 끝이 되는 구절을 "...the living and the dead."로 맺음으로써 조이스는 "아일랜드의 도덕사"에 종지부를 찍고 있다.

  조이스의 소설은 일반적으로 사실적 자연주의(realistic naturalism)와 상징주의(symbolism)의 두 차원에서 고찰된다. 조이스가 『더블린 사람들』을 묘사한 "세심한 비속성의 문체"(a style of scrupulous meanness)는 바로 사실적 자연주의의 수법이다.

  『율리시즈』의 복잡한 상징과 기법들이 이미 『더블린 사람들』에서 예견된다. 『더블린 사람들』의 더피 씨(Mr Duffy)와 가브리엘 콘로이(Gabriel Conroy)의 의식을 다룸에 있어서는 '의식의 흐름' 기법의 전조를 보게 된다. 『더블린 사람들』의 단편들이 상승적 효과를 이루듯이 조이스의 작품은 『더블린 사람들』-『초상』-『율리시즈』-『피네간의 경야』로 단계적으로 진전되며 이들은 상호 관련성을 가짐으로써, 조이스의 전체 작품을 하나의 방대한 책으로 본다면 『더블린 사람들』은 그 첫 장(章)에 해당된다.

  『더블린 사람들』은 더블린이라는 협소한 배경 아래 15개의 독립된 이야기들을 다루고 있지만, 조이스 특유의 예술적 기법인 에피파니, 다양한 상징적 이미지, 사실적(寫實的)인 문체 등을 사용함으로써 객관성과 보편성이 유지되고 있다. 따라서 조이스가 그리고 있는 더블린 사람들의 모습은 그곳에 국한되는 것이 아니라 어느 곳에서나 볼 수 있는 현대인들의 모습이다.

  이상에서 살펴본 『더블린 사람들』의 순환적 구조를 다음과 같이 도해화할 수 있겠다.

『더블린 사람들』의 순환적 구조

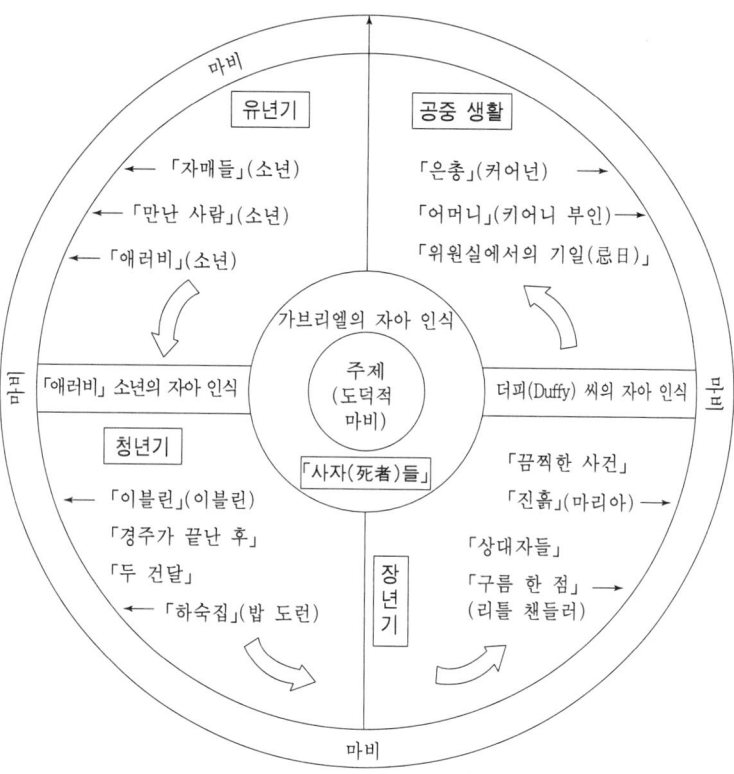

* 제목 뒤의 ( ) 안에 있는 인물은 도피를 추구하는 주인공을 나타낸다.
* `⟶`는 주인공이 도피를 추구하나 결국 실패함을, `↑`는 가브리엘이 마비의 굴레에서 벗어날 수 있음을 나타낸다.

3

『젊은 예술가의 초상』
― 젊은 예술가의 고뇌와 방황 ―

『젊은 예술가의 초상』(*A Portrait of the Artist as a Young Man*)은 조이스의 청년기까지의 자서전적인 내용을 담고 있으므로 이 책의 제1장 「생애와 작품 세계」에서 이미 많은 부분이 다루어져 있다. 이 작품은 주인공이 예술가로서의 성장하는 과정을 그린 일종의 교육 소설(Bildungsroman), 좀더 세분하면 예술가 소설(Küstlerroman)에 속한다. 이 작품의 말미를 장식하는 스티븐 디덜러스의 결의는 오늘날 전 세계의 많은 학생들이 외울 정도로 유명한 구절이 되고 있다.

오라, 오 인생이여! 나는 백만 번이라도 경험의 현실과 마주치고 아직 창조되지 않은 내 민족의 양심을 내 영혼의 대장간에서 벼려서 만들기 위해 가리라.

― 『초상』 제5장 ―

이 작품의 끝에 "더블린, 1904 : 트리에스테, 1914"라고 적혀 있는데 이것은 조이스가 이 작품에 착수하여 완성을 보았을 때까지의 기간을 말한다. 그리고 이 작품의 전신(前身)인 『스티븐 히어로』(Stephen Hero)를 보다 보편성을 지닌 작품이 되게 하기 위해서 이를 개작하여 『초상』을 탄생시켰다.

　이 작품의 올바른 이해를 위해서 우선 이 작품의 신화적인 배경을 알아야 한다. 주인공 스티븐 디덜러스(Stephen Dedalus), 그의 이름이 가지는 상징성이 그의 운명을 결정짓고 있다. 스티븐(Stephen)은 최초의 기독교 순교자의 이름이며, 다이달로스(희랍어 Daidalos; 영어 Daedalus)는 희랍 신화에 나오는 고대의 명장(名匠)이다.9) 스티븐 디덜러스라는 이름에는 순교자 스티븐, 장인(匠人) 다이달로스, 그리고 이카로스의 모습이 상징적으로 내포되어 있다.10) 조이스의 생애 부분에서 보았듯이 스티븐(즉

---

9) 다이달로스에 관한 신화는 다음과 같다.
　흰 소를 사랑한 미노스(Minos) 왕의 아내 파시파에(Pasiphaë)가 인신우두(人身牛頭)의 괴물 미노타우로스(Minotaur)를 낳는다. 이 괴물은 매년 아테네에서 조공으로 바치는 일곱 명의 소년 소녀를 잡아먹고 산다. 미노스 왕은 이 괴물을 가두어 놓기 위해 다이달로스로 하여금 미궁(Labyrinth)을 짓게 한다. 이곳은 대단히 정교하고 복잡한 미로로 되어 있어 한번 들어가면 아무도 빠져 나오지 못한다. 미노스의 딸 아리아드네(Ariadne)를 사랑하게 된 아테네의 영웅 테세우스(Theseus)는 그녀의 도움으로 실을 매고 미궁으로 들어가 괴물을 죽이고 도망치는 데 성공한다. 다이달로스가 미궁의 비밀을 아리아드네에게는 알려주었던 것이다. 이 때문에 다이달로스는 미노스의 미움을 사게 되어 그의 아들 이카로스(Icarus)와 함께 미궁에 갇히는 신세가 된다. 이들 부자는 날개를 만들어 밀랍으로 붙인 다음 탈출을 시도하는데, 이카로스는 기쁜 나머지 너무 하늘 높이 날아가 태양열에 의해서 밀랍이 녹아 버려 바다에 익사하게 된다.
10) 『율리시즈』에 다시 등장하는 그의 모습은 물에 빠진 이카로스를 연상시킨다.

조이스)은 자신을 종교와 인습의 희생자라고 여기게 되고, 스스로 '예술을 위한 순교자'의 길을 선택한다. 그리고 그의 이상을 펼치기 위해 비상(飛翔)하는 장면이 『초상』의 말미를 이룬다. 『초상』의 에피그래프인 오비드(Ovid)의 『윤회』(*Metamorphoses*)의 일행("그리하여 그의 마음은 미지의 예술 세계로 향했도다")은 『초상』의 주제를 압축한 표현이다.

제4장의 말미에서 스티븐이 바닷가를 거닐 때 친구들이 조롱하듯 그를 "스테파노스(Stephanos) (……) 디덜러스(Dedalus)"라고 부르는 소리를 듣는다. "스테파노스"는 희랍어로 "화환으로 왕관을 쓴 자"라는 뜻으로 스티븐은 이때 자신의 이름이 신비로운 의미를 지닌 것처럼 느끼게 되고, 이를 자신이 나아가야 할 예술가로서의 소명(召命)으로 여기게 된다. 제5장에서 스티븐이 "마비의 도시" 더블린을 떠나 대륙(파리)으로 떠나려는 희망에 찬 결의를 하는 것은 미궁을 탈출하는 다이달로스의 비상(飛翔)과 상징적으로 일치한다. 『초상』의 말미는 다이달로스에 대한 스티븐의 기도로 되어 있다.

고대의 아버지시여, 고대의 명장(名匠)이시여, 영원히 저를 밀어 주소서.
— 『초상』 제5장 —

『초상』은 자기를 둘러싸고 있는 환경의 굴레에서 벗어나 자아를 찾으려고 몸부림치는 감수성이 강한 한 젊은이의 이야기이다. 고전극의 5막 형식처럼 전체 5장으로 구성되어 있는 이 작품은 각 장마다 스티븐 디덜러스가 다이달로스처럼 탈출을 시도하는 근거가 제시되고 있다.

제 1 장의 크리스마스 파티 장면에서 스티븐의 아버지 사이먼 디덜러스를 포함한 파티에 참석한 어른들은 아일랜드의 종교와 정치에 대해 논쟁을 벌인다. 아일랜드 민족 지도자 파아넬을 옹호하고, 그에게 가혹한 처사를 한 가톨릭을 비난하는 편과, 파아넬을 비난하고 가톨릭을 옹호하는 편 사이에서 벌어지는 격렬한 논쟁은 소년 스티븐에게 충격을 주게 된다. 파아넬은 그 소년에게는 영웅적인 존재이다. 얼마 뒤 그는 가톨릭 교회가 자신에게 부당한 권위를 행사하는 것을 체험하게 된다.

스티븐은 예수회 계통의 초등학교인 클론고우즈 우드 칼리지에 다닌다. 왜소한 체격에 도수 높은 안경을 낀 그는 급우들로부터 따돌림을 당한다. 운동장에서 축구 시합이 벌어지는데 "그는 사나운 발길질에서 벗어나, 자기편의 가장자리를 따라 이쪽에서 저쪽으로 느릿느릿 움직이며, 이따금씩 달리는 시늉"만 한다. 웰스(Wells)는 마로니에 열매와 그의 작은 코담뱃갑을 서로 맞바꾸지 않는다고 해서 그를 시궁창에 밀어 넣는다. 또 자전거에 부딪혀 안경을 깨었는데, 돌런(Dolan) 신부는 수업을 빼 먹으려고 고의로 한 짓이라고 생각한 나머지 스티븐에게 심한 매질을 한다. 분을 참지 못한 스티븐은 교장에게 이 사실을 고해 바친다. 교장은 스티븐의 정당함을 인정하지만 속으로는 조소를 한 것이 분명하다. 이들 신부들은 권위의 상징이며 이때부터 소년 스티븐은 자신에게 부당한 권위를 행사하는 종교에 대한 반감이 조금씩 싹트기 시작한다.

제 2 장에서 역시 예수회 계통의 학교인 벨베디어에 다니는

스티븐은 사춘기에 접어든 감수성이 예민한 소년의 모습으로 나타난다. 그는 집단에 순응하려고 노력하지만 그가 몸담고 있는 사회는 너무나 과격하고 사나운 집단이다. 그는 주위환경의 모든 것이 그와는 이질적인 것임을 느낀다. 스티븐이 살아가는 도시 더블린은 『더블린 사람들』에 묘사되어 있듯이 지저분하고 위선에 가득 차 있고 타락한 도시이다. 가정의 빈곤, 자기의 이상을 이해해 주지 못하는 가족, 독선적인 사제들, 저속하고 우둔한 급우들 사이에서 고립된 자신을 발견한 그는, 자신의 주체성을 잃지 않으려는 내면적인 투쟁을 한다. 그가 쓴 작문이 이단적이라는 이유로 선생님으로부터 꾸중을 듣고, 급우들은 그를 놀려댄다. 또한 바이런이 최고의 시인이라고 한다고 해서 급우들이 합세해서 그를 마구 때리지만 스티븐은 뜻을 굽히지 않는다.

- 바이런은 엉터리라고 말해.
- 싫어.
- 말해.
- 싫어.
- 말해.
- 싫어. 싫어.

―『초상』제 2 장―

이와 같이 스티븐을 둘러싸고 있는 외부 환경(가정·급우·조국·교회)은 한결같이 그에게 "사과하라, 시인하라, 굴하라, 복종하라, 고백하라, 순응하라"(apologize, admit, submit, obey, confess, conform)고 강요한다.

자존심이 강한 16세의 소년이 된 스티븐은 그에게 권위를 행사하는 교회에 대한 반항 의식이 더욱 강해지고 교사인 신부들이 강요하는 규범에 반항하게 된다. 방황하는 스티븐은 "억지로라도 한 여자를 꺾어 함께 죄악을 범하고 함께 죄악을 찬양하고 싶은" 기분이 든다. 『더블린 사람들』에서 묘사된 것과 같이 지저분하고 미로 같은 더블린 거리를 서성거리던 스티븐은 사창가에서 첫 경험을 하게 되고, 그 경험은 그에게 육감적인 기쁨과 더불어 일종의 승리감마저 주게 된다. 기쁨과 안도를 느끼며 몸과 마음을 여자에게 맡겨 버리자 그는 갑자기 강해지고 두려움이 없어지고 자신감이 생기는 것을 느낀다.

　제3장에서 죄 지은 자가 받게 되는 지옥에서의 형벌에 관한 아아날(Arnall) 신부의 죽음, 심판, 지옥, 천국에 대한 설교는 너무나 무시무시하여 스티븐은 소름이 끼친다. 그는 자신이 교회의 권위 앞에 꼼짝 못하는 존재로 여겨진다. 그 예수회 신부가 학생들에게 하는 설교는 조잡한 면이 있고, 사랑보다는 공포와 고문(拷問)으로, 생명보다는 죽음을 강조하는 듯한 아이러니로 묘사되어 있다. 죄의식에 시달리던 그는 다시 신앙심이 깊은 학생으로 변모하여 학감은 그에게 성직자의 길을 열어 주겠다는 제의를 할 정도이다. 그러나 제4장에서 볼 수 있듯이 스티븐은 그 제의를 거절한다. 스티븐의 자아는 권위에 굴복하기에는 이미 성숙되어 있다.

　해변에서 한 소녀의 모습을 바라보는 순간 스티븐은 새로운 삶의 현현(顯現; epiphany)을 경험한다. 이때 스티븐은 자신의 소명은 성직자가 아니라 예술가임을 절감하게 된다. 자신이 성직자가 되는 것은 위선이라고 느낀다. 제4장은 '예술가의 초상'이 뚜렷해짐으로써 이 소설의 절정부가 된다.

제5장에서 스티븐은 강한 개성을 지닌 청년의 모습을 보인다. 스티븐에게 가족·조국·종교는 그를 가두어 놓고 있는 "올가미"(nets)가 된다. 그는 조국 아일랜드를 "새끼를 잡아먹는 늙은 암퇘지"(Ireland is the old sow that eats her farrow)라고 말한다. 그의 아버지 사이먼 디덜러스(Simon Dedalus) 역시 "자기 과거의 찬미자"(a praiser of his own past)라고 불만을 표시한다. 그는 '스티븐 디덜러스' 자신이 되기 위해서 아버지 사이먼 디덜러스에게 반항한다. 스티븐은 '아버지' — 부(father), 신부(father), 조국(fatherland) — 를 떠나 스스로가 '창조적 아버지'(creative father), 즉 예술가가 되기로 결심한다.11) 스티븐은 친구 크랜리(Cranly)에게 이렇게 말함으로써 예술적 망명의 결의를 다짐한다.

> (……) 가정이든, 조국이든, 종교이든 간에 내가 앞으로 믿지 않는 것은 결코 섬기지 않을 것이네. 그리고 최대한 자유롭게, 완전하게, 삶이나 예술의 어떤 형식을 통해 나 자신을 표현하려고 노력할 작정이네. 나의 방어를 위하여 나에게 사용이 허용된 침묵과 유랑과 교지(狡智)를 유일한 무기로 삼아서.
> —『초상』제5장—

이어서 자신의 예술적 이상을 펼치기 위해 조국 아일랜드를

---

11) 『율리시즈』에서 그는 정신적인 아버지를 찾아 나서는데 그가 바로 리오폴드 블룸(Leopold Bloom)이다.

떠나 대륙으로 향하는 그의 희망에 찬 외침으로『초상』은 끝을 맺는다.

한편『초상』의 올바른 이해를 위해서 이 작품의 다른 측면을 살펴볼 필요가 있다. 조이스의 모든 작품에는 그 특유의 아이러니가 나타나고 있는데, 주제 면에서『초상』도 그러하다. 조이스는 이 작품의 제목이 'The Portrait'가 아니라 'A Portrait'임을, 그리고 '젊은 예술가로서의 초상'(as a Young Man)임을 강조했다. 이 작품은 자서전적 요소를 담고 있는 것은 사실이지만 조이스가 여기에서 그리는 '초상'은 완전히 자서전적인 것도 아니고 이상적인 것도 아니다. 단지 자신의 경험을 토대로 '한 젊은 예술가'의 성장 과정을 픽션으로 그려 본 것임에 독자들은 유의해야 한다. 즉 하나의 전형적인 예술가의 초상이 아니라 작가 조이스가 조절하고 다듬은 하나의 객관적인 '초상'인 것이다.

스티븐은 내성적이며 자아의식이 강한 소년으로 인간애가 결여되어 있다. 급우인 맥캔(McCann)은 그에게 "디덜러스, 넌 자신에만 몰입하는 반사회적인 존재야"(Dedalus, you're an antisocial being, wrapped up in yourself)라고 하고, 가장 가까운 친구인 크랜리 역시 "넌 누굴 사랑해 본 적도 없니?"(Have you never loved anyone?)라고 말한다. 이러한 점을 놓고 볼 때『초상』은 보다 원숙한 예술가가 되기 위한 한 젊은이의 몸부림의 이야기로 볼 수 있다. 즉 스티븐은 원숙한 예술가가 된 조이스가 아니라 미성숙한 조이스인 것이다.『초상』의 말미에서 볼 수 있는 그의 첫 도피행은 실패로 끝났음을 우리는『율리시즈』에서 알 수 있다. 그는 성공한 예술가가 아닌 것이다. 『율리시즈』 끝 부분에 가서야 그의 예술가로서 성공을 예견할 수 있을 뿐이다.

　스티븐이 성공하기 위해서는 자아에서 탈피하여야 한다. 보다 큰 안목에서 세상을 보아야 하고 그가 말한 "세 개의 올가미"(가족·조국·종교)를 수용해야 하는 과제를 남겨 두고 있다. 『율리시즈』에서 물에 빠진 이카로스 같은 모습을 보이는 그는 "모든 이들에게 알려져 있는 그 말을 해줘요"(Tell me the word known to all men)라고 절규한다. "그 말"은 바로 '사랑'인 것이다.

　『초상』은 스티븐을 통해서 조이스 자신의 예술가적 성장 과정을 보여주고 있을 뿐 아니라 조이스의 심미론과 예술론을 피력한 글이다. 제5장에서 스티븐은 그의 미학 이론을 전개한다.
　조이스는 미(美)를 예술의 궁극적 목표로 보고, 미는 예술 그 자체나 예술의 형식에 의해 영향을 받는다고 『초상』에서 스티븐을 통하여 말하고 있다. 그는 예술가가 예술적 이미지를 어떻게 취급하느냐에 따라서 그 형식을 세 가지로 분류한다. 즉 예술가가 자기 이미지를 자기와의 직접적인 관계에서 제시하는 서정적 형식, 예술가가 자기 이미지를 자기 및 남에 대한 간접적 관계에서 제시하는 서사적 형식, 그리고 예술가가 자기 이미지를 타인에 대한 직접적 관계에서 제시하는 극적 형식이 그것이다. 이 중에서 극적 형식의 비개인성(impersonality)이 바로 조이스가 지향하는 예술 형식이다.
　조이스는 1900년경 소위 "현현"(顯現; epiphany)이라고 하는 단편적(斷片的) 산문을 쓰기 시작했다. 그는 『초상』의 초고에 해당하는 『스티븐 히어로』에서 이를 "속된 대화이거나 속된 몸짓이거나 어떤 단편적인 인상이거나 간에, 거기서 갑작스레 받게 되는 정신적 현시(顯示)"라고 정의하고 있다. 조이스의 친구 올리버 고가아티(Oliver Gogarty)에 의하면 조이스는 그가 들은 단편적인 대화에서 느낀 어떤 영감을 기록하기 위하여 변소로 슬쩍 들어가곤 하는 습관이 있었다고 했다. 조이스는 대화의 단편(斷片) 또는 개인적 경험을 기록하고 보관하면서, 그것들이 어떤 영감을 주면 문학의 소재로 사용하였다.

에피파니는 『더블린 사람들』에서 보이는 바와 같이 어떤 암시력을 지닌 짤막한 대화나 이미지들을 자연주의적 수법으로 묘사하는 방법이다. 『초상』의 제4장에서 스티븐이 바닷가에서 어느 소녀를 보는 순간 강렬한 예술적 영감을 느끼게 되는 장면은 에피파니로 유명한 구절이며 이 작품의 클라이맥스를 이룬다.

한 소녀가 그의 앞 물길 한가운데 홀로, 가만히 바다 쪽을 바라보며 서 있었다. 그녀는 마치 마술에 의해 이상하리만큼 아름다운 해조로 변신된 것만 같았다. 그녀의 길고 미끈한 드러난 다리는 섬세하고 에메랄드 색깔의 해초가 살결에 자국을 낸 데를 제외하곤 두루미의 다리처럼 티가 없었다. (······) 그녀의 가슴은 새의 가슴처럼 부드러우면서도 가냘프고, 검은 깃의 비둘기 가슴처럼 가냘프면서도 부드러웠다. 그러나 기다란 그녀의 금발 머리는 처녀다워 보였다. 처녀답고, 살아 있는 인간이 가질 수 있는 미의 불가사의였다, 그녀의 얼굴이.

—『초상』 제4장—

조이스의 독특한 예술적 기법인 에피파니는 그의 심미론의 기초가 되는 토마스 아퀴나스(Thomas Aquinas)의 미학 이론에 그 근거를 두고 있다. 아퀴나스는 미를 창조하기 위해서는 세 가지 요소, 즉 전체성(integritas; wholeness), 조화(consonantia; harmony), 광휘(claritas; radiance)가 필요하다고 한다. 이러한 미의 세 가지 필수 요소가 미를 창조하여 에피파니를 이루는 과정을 『스티븐 히어로』에서 스티븐은 다음과 같이 설명한다.

먼저 우리는 사물이 하나의 완전한 결합체임을 인식하고, 다음에 그것의 조직적인 구조, 즉 그 실체를 인식한다. 마지막으로, 각 부분의 상관 관계가 교묘할 때, 즉 그 부분들이 특수한 것에 조화를 이룰 때, 우리들은 그 사물의 본질을 인식한다. 그 사물의 혼, 즉 그 본질이 의상을 걸친 그것의 외형으로부터 우리들에게 현시(顯示)된다. 가장 평범한 사물의 혼, 그것의 구조가 참으로 잘 조화된 그 혼이 우리들에게 빛을 발하는 듯이 보인다. 이리하여 그 사물이 그것의 에피파니를 이루게 된다.

— 『스티븐 히어로』 제 25 장 —

현현 또는 예술적 계시를 의미하는 에피파니는 본래 아기 예수가 이방인 동방박사들에게 처음으로 모습을 드러낸 것을 이르는 말로, 이날은 주현절(1월 6일)이 되고 있다. 조이스는 이를 예술 기법으로 채택, 인간의 경험을 예술 작품으로 탄생시키는 과정을 기독교의 강생(Incarnation)에 비유한 것이다.

또한 에피파니는 일종의 생략 기법(ellipsis)으로, 작가가 작품 속에 모습을 드러내지 않고 독자로 하여금 상상력을 유발시키는 수단이다. 『더블린 사람들』에서는 각 단편에서의 에피파니가 종합되어 결국 '더블린 사람들의 도덕적 마비'라는 단일 주제로 이어지는 효과를 나타내고 있으며, 『초상』에서는 환경의 제약을 벗어나 예술가를 지향하는 한 청년의 자아 인식의 변천과정이 갖가지 에피파니를 통하여 전개되고 있다.

20세기 소설의 혁명적 기초를 수립한 조이스는 '의식의 흐름'(Stream of Consciousness)[12]의 기법을 도입, 완성시킨 작가이다. 전술한 그의 미학 이론이 진정한 예술의 정의와 가치를 추구하기 위한 그의 예술관이라면 '의식의 흐름'의 기법은 그의 예술관을 작품 속에서 어떻게 효과적으로 나타낼 것인가에 대한 모색이라고 할 수 있다.

'의식의 흐름'의 기법은 18세기 중엽 로렌스 스터언(Laurence Sterne)에 의해서 최초로 시도되었고, 조이스는 『월계수는 잘리다』(Les Lauriers sont Coupés)의 에두아르 뒤자르댕(Edouard Dujardin)에게서 이 기법을 배운 것으로 알려져 있으나, 조이스가 이 기법의 다양한 기교들을 개발하고 완성시킨 것은 사실이다.

프랑스 철학자 베르그송(Henri Bergson)은 시간을 '흐름', 즉 '지속'(la durée)의 개념으로 보았다. 그는 "과거는 현재 속에 포함되며, 인간의 의식은 연대기적인 시간과는 달리 심리적 시간을 파도의 간만조처럼 왕래하며, 오늘을 사는 도시의 황무지의 인간들은 과거의 추억 또는 미래의 시간과 같은 영원한 현재에서 그들

---

12) "Stream of Consciousness"는 원래 윌리엄 제임스(William James)가 그의 『심리학의 원리』(Principles of Psychology, 1890)에서 처음 사용한 말이다.

의 안식처를 찾아야 한다"고 하였다. 이전의 소설가들은 시간을 분리된 순간의 연속, 즉 시계의 시간(clock time)으로 움직이는 것으로 보았으나 20세기 소설가들은 심리적 시간(psychological time)의 개념을 도입, 베르그송의 시간 개념과 그 견해를 같이하였다.

스스로 어떤 예술적 사명을 짊어진 조이스는 종래의 소설의 한계를 타파하기 위한 의식이 한층 더 강렬했다. 그는 "과거는 유동적으로 계속되는 현재(a fluid succession of present)에 내포된다"고 하였다. 이 말은 『초상』에서 스티븐이 말하는 "과거는 현재 속에 해소되고 현재는 미래를 낳기 때문에 생명을 가진다"라는 말과 상통한다. 인생은 어떤 정해진 패턴 위에서 움직이는 것이 아니며, 인간의 의식도 연대기적인 시간 속에서 흘러가는 것이 아니다. 조이스는 현대인의 마음속에 떠도는 복잡한 의식의 단편(斷片)을 묘사하는 데 역점을 두었다.

『더블린 사람들』의 마지막 단편인「사자들」에서 가브리엘 콘로이(Gabriel Conroy)가 창밖에 내리는 눈을 응시하며 눈 덮인 지상의 모든 인간들과 교감을 느끼고 자신의 위치를 자각하게 되는 장면에서 이미 '의식의 흐름'의 일면을 엿볼 수 있다. 『초상』에서는 한 소년의 예술가로서의 성장 과정이 그의 의식의 변화에 초점을 두어 묘사되고 있다. 이 작품에서는 과거가 현재의 관점에서 서술되고, 1인칭과 3인칭 시점(視點)이 혼합되어 작가가 주인공의 의식 변화를 각기 다른 각도에서 관찰하고 있다. 이러한 기법은 『율리시즈』에서 더욱 복잡하고 방대한 형태로 나타나 이 작품을 두고 '인간 의식의 백과사전'이라 일컫기도 한다.

4

『율리시즈』
— 인간 의식의 파노라마 —

> 나는 이 책을 쓰기 위해서 7년 동안 매달렸다.
> 이것은 일종의 백과사전이다.
> —1920년, 조이스

 『율리시즈』(*Ulysses*)는 T. S. 엘리엇의 『황무지』(*The Waste Land*) 와 함께 모더니즘의 주류를 이루는 작품이다. 모더니즘은 문학을 통하여 기존의 모든 가치를 재평가하고, 무질서 속에서 어떤 새로운 질서를 창조하려는 시도이며, 작품의 형식과 내용의 일치를 강조한다. 『율리시즈』에서는 18개의 에피소드 속에 각각 다른 장면, 시간, 색채, 예술, 상징, 기법, 신체 기관 등이 거미줄같이 얽혀 있지만 "한 장소(더블린)에서 일어나는 하루 동안의 이야기"(twenty-four hours of activity within a single location of Dublin)에 불과하다. 조이스의 의도는 단편적(斷片的)으로 떠도는 인간의 의식에 질서를 부여하여 이 작품이 인간의 소우주가 되게끔 하는 것이었다. 조이스 자신이 언급했듯이 『율리시즈』는 "인간 육체의 서사시이자 백과사전"이며, 또한 인간 의식의 총화로 평가된다.

 『율리시즈』에는 수많은 인물들이 등장한다. 이들 중 중요한 인물만 치더라도 약 백 명에 달한다. 1904년 6월 16일, 더블린이라는 한 도시에서 이들은 혼란한 현대 세계를 살아가는 인간의 갖가지 모습들을 연출하고 있다. T. S. 엘리엇의 지적대로 『율리시즈』가 『오디세이』(The Odyssey)의 신화적 배경을 뼈대로 삼고 있는 것은 "고대와 현대를 동시에 조명하며, 이러한 무질서의 파노라마 속에서 하나의 질서와 의미를 부여하려는 것이다."

『율리시즈』는 배경 면에서 『더블린 사람들』의 속편으로, 기법 면에서는 『젊은 예술가의 초상』의 속편으로 볼 수 있다.13) 『더블린 사람들』에서 보여준 생중사(death in life) 또는 정신적 마비(spiritual paralysis)의 주제는 『율리시즈』의 전체적인 분위기 속에도 깔려 있다. 이렇게 볼 때 『율리시즈』는 하나의 비극이다. 조이스는 『율리시즈』에서 현대인의 부정적인 요소를 보다 큰 구조 속에 담고 있으며 또한 그 극단을 보여준다. 그러나 이러한 극단을 극복하여 정화의 세계로 이끄는 수많은 상징성을 작품에 투영함으로써 인생의 새로운 가능성을 제시하고 있다. 따라서 『율리시즈』는 해피엔딩으로 끝나는 하나의 "인간 희극"(Human Comedy)이다.

『율리시즈』는 『젊은 예술가의 초상』에서처럼 의식의 흐름의 기법을 사용하고 있다. 『율리시즈』에서 사용되는 의식의 흐름의 특징은 생략 문체(elliptic style)로서, 음악에서의 스타카토, 또는 단편적(斷片的)인 영상처럼 인간의 의식을 펼치고 있다. 이

---

13) 본래 조이스는 『더블린 사람들』의 「사자들」(The Dead) 다음에 "Mr Bloom's Day in Dublin"이라는 가제(假題)로 한 단편을 추가하려 했으나 생각을 바꾸어 더 큰 규모의 『율리시즈』를 탄생시켰다.

것은 마치 인상주의 화가처럼 소설에 현실감을 부여하려는 조이스의 노력이다. 조이스는 이 작품에서 하찮은 소재라도 놓치지 않고 인간의 의식을 모자이크처럼 수놓고 있다. 에드먼드 윌슨(Edmund Wilson)은 『율리시즈』를 "평범한 인간의 의식을 찍은 가장 정확한 엑스레이"(the most faithful X-ray ever taken of the ordinary human consciousness)14)라고 하였다.

조이스는 다양한 문체, 상징적 이미지, 패러디, 언어의 유희(word play) 등을 사용하고 있고, 또한 입체파(cubism), 미래파(futurism), 동시주의(simultanism), 다다이즘(dadaism) 등의 복합적인 기법을 사용하여 스토리의 흐름을 파악하기가 대단히 난해하다. 조이스는 이 작품에서 새로운 문학적 실험을 하여 소설의 혁명을 시도하고 있다. 조이스 자신도 『율리시즈』에 대해서 다음과 같이 말한 적이 있다.

> 내가 너무나 많은 수수께끼와 퀴즈를 이 작품 속에 담았기 때문에 앞으로 수세기 동안 대학 교수들은 내가 의미한 바를 거론하기에 분주할 것이다. 이것이 자신의 불멸성을 보장하는 유일한 길이다.

조이스는 이 세상을 여러 각도에서 관조하는 전지적 시점(視點)에서 『율리시즈』의 이야기를 이끌어 나간다. 『율리시즈』는 조이스의 표현대로 "익살스럽고도 진지한"(joco-serious) 한 작품이다. 그래서 『율리시즈』는 희비극(tragicomedy)의 성격을 띠게

---

14) Edmund Wilson, "Review, *New Republic* 1922", ed. Robert H. Deming, *James Joyce : The Critical Heritage*, 2 Vols.(London : Routledge, 1970), Vol. I, p. 228.

된다. 조이스는 인간 생활 주변의 사소하고 일상적인 대상에 큰 상징적 의미를 부여하여 세속적인 배경을 우주적인 배경 또는 신성(神性)의 경지로 승화시키기도 하며, 신성(神性)의 경지를 인간의 차원으로 전락시키기도 한다. 이것이 조이스 특유의 아이러니 기법('Joycity')이다. 이러한 작가의 이원적(二元的) 시각(視角) ── 이것은 『율리시즈』 작품 자체에서 시차(視差 · Parallax)라는 말로 언급되어 있다 ── 을 이해하는 것이 조이스 문학 전반을 올바르게 이해하는 관건이 된다.

『율리시즈』를 도덕적인 차원에서 본다면 많은 문제를 야기시킬 수 있다. 조이스는 예술의 창조를 위하여 모든 사회적 인습, 정치적 이념, 종교적 교리를 거부한 작가이기 때문에 그의 예술성을 이해하기 위해서는 도덕적 차원을 초월한(amoral) 자세를 취하지 않으면 안 된다. 1920년 『율리시즈』는 미국 사회 악방지위원회(The Society for the Suppression of Vice)에 의해 외설물로 고발되어 판매 금지를 당한 적이 있다. 그러나 1933년 존 울지(John M. Woolsey) 판사는 이 작품이 외설물이 아니라는 판결을 내렸다. 『율리시즈』에는 외설적인 내용이 상당 부분 있지만 울지 판사가 『율리시즈』를 감정의 정화(catharsis) 차원에서 본 것은 적절한 판단이다. 조이스가 설계한 작품의 전체적인 구도(構圖)에서 바라보아야만 『율리시즈』의 궁극적인 의미를 알 수 있게 된다. 즉 인간은 본모습을 드러내면 거의 같은 모습을 하고 있다는 것을 전제로 해야 이 작품의 올바른 이해와 평가를 내릴 수 있다.

조이스가 『율리시즈』에서 제시한 주제는 결국 삶의 긍정이다. 『율리시즈』는 부정적 현실에서 시작하여 긍정적 비전의 미래를 제시하는 것으로 끝이 난다. 이러한 면은 「페넬로페」(Penelope) 장에서 몰리(Molly)의 독백을 통하여 'yes'라는 말이 거듭 되풀이되고 결국 이 작품이 "Yes."로 끝나는 것에서도 그 상징성을 읽을 수 있다.

『율리시즈』는 결국 세 주인공의 이야기로 집약되며 나머지 인물들은 이 세 사람을 주축으로 움직이는 보조적 역할을 한다. 이들 세 주인공은 각기 자기의 세계를 구축하고 있는데, 스티븐 디덜러스(Stephen Dedalus)는 정신적 세계(the world of the spirit)를, 몰리 블룸(Molly Bloom)은 육체의 세계(the world of the flesh)를, 리오폴드 블룸(Leopold Bloom)은 만인(萬人) 또는 범인(凡人)의 세계(the world of Everyman)를 이루고 있다. 『율리시즈』는 스티븐이 대변하는 지적(知的) 극단의 세계인 제1부, 리오폴드 블룸이 보여주는 만인(Everyman)의 세계인 제2부, 그리고 블룸의 귀향(귀가)의 이야기를 거쳐 결국 스티븐과 블룸을 수용하는 몰리의 세계, 즉 육체의 세계로 이어지는 제3부로 구성되어 있다.15) 정신과 육체의 세계의 조화, 이것이 『율리시즈』가 추구하는 주제이다. 이러한 조화의 세계는 만인의 역할을 하는 블룸의 중용의 덕(德)에 의해서 가능해진다. 따라서 이 작품의 주제를 '극단을 통한 조화의 추구'라는 측면에서 접근하는 것이 가능하다.

---

15) 이것은 『오디세이』의 제1부 「텔레마키아」(Telemachia), 제2부 「오디세이」(Odyssey), 제3부 「노스토스」(Nostos)에 각각 해당한다.

『율리시즈』의 구조

	표 제	장 면	시 간	기 관	예 술	색 채	상 징	기 법
제1부	1. 텔레마코스(Telemachus)	탑	오전 8시	·	신 학	백색·황색	상 속 자	설화체(미숙한)
	2. 네스토르(Nestor)	학 교	오전 10시	·	역 사	갈 색	말(馬)	교리문답체 (개인적)
	3. 프로테우스(Proteus)	해 변	오전 11시	·	언 어 학	녹 색	조 류(潮流)	독백체(남자의)
제2부	4. 칼립소(Calypso)	집	오전 8시	콩 팥	경 제 학	주 황 색	요 정(妖精)	설화체(성숙한)
	5. 로터스-이터즈(Lotus-Eaters)	목욕탕	오전 10시	생식기	식물학·화학		성 체(聖體)	나르시시즘
	6. 하데스(Hades)	묘 지	오전 11시	심 장	종 교	백색·흑색	묘 지 기	우 몽
	7. 아이올로스(Aeolus)	신문사	정 오	허 파	수 사 학	적 색	편 집 장	생탁삼단논법
	8. 레스트리고니언즈(Lestrygonians)	간이식당	오후 1시	식 도	건 축 학		순 경	연동법(蠕動法)
	9. 스킬라와 카리브디스(Scylla and Charybdis)	도서관	오후 2시	뇌	문 학		스트랫포드·런던	변증법
	10. 배회하는 바위들 (Wandering Rocks)	거 리	오후 3시	혈 액	역학(力學)		시 민 들	미 로
	11. 사이렌즈(Sirens)	음악실	오후 4시	귀	음 악		주점 여급들	전식곡(典則曲) 에 의한 둔주곡
	12. 키클롭스(Cyclops)	주 점	오후 5시	근 육	정 치 학		페니어 당원	과장법
	13. 나우시카(Nausicaa)	해 변	저녁 8시	눈·코	미 술	회색·청색	처 녀	점충법·점강법
	14. 태양신의 황소들(Oxen of the Sun)	병 원	밤 10시	자 궁	의 학	백 색	어 머 니	태아발육식
	15. 키르케(Circe)	홍등가	자 정	이동기관	마 술		창 녀	환 각
제3부	16. 에우마이오스(Eumaeus)	오두막집	새벽 1시	신 경	항해술		선 원	설화체(노쇠한)
	17. 이타카(Ithaca)	집	새벽 2시	뼈	과 학		혜 성	교리문답체 (비개인적)
	18. 페넬로페(Penelope)	침 실	·	살	·		지 구	독백체(여자의)

(1) Stephen Dedalus — 정신의 세계

『율리시즈』의 제1부는 스티븐의 이야기로 구성된다. 스티븐은 지적(知的) 또는 정신적 세계를 반영하는 인물이다. 『초상』에서 보았듯이 그를 속박하는 현실(종교·조국·가족)을 떠나서 비상(飛翔)을 결심한 스티븐은 『율리시즈』에 재등장한다. 그러나 『율리시즈』 제1부에서의 스티븐은 실의와 좌절에 빠진 젊은 예술가의 모습으로 나타난다.

그가 마비의 도시 — 조이스가 『더블린 사람들』에서 여실히 보여주었듯이 — 더블린을 탈출한 시기는 『초상』의 말미에 나오는 일기의 날짜로 미루어 보아 1902년 4월 27일로 추정할 수 있다. 그리고 『율리시즈』는 1904년 6월 16일을 시간적 배경으로 하고 있으므로 이 사이의 기간은 그가 더블린을 떠나서 유럽에 머무른 기간이라고 볼 수 있다. 그러나 부친이 보낸 "모(母)16) 위독 귀가 부(父)"라는 전보를 받고 그에게는 '올가미'(noose)인 더블린으로 들어오지 않을 수 없었던 것이다. 더블린은 여전히 '마비'되어 가고 있는 도시이므로 그는 그곳에 머물지 않고 샌디코브 해안(Sandycove Strand)의 한 모서리에 바다 쪽으로 불쑥 튀어나온 마아텔로 탑(Martello Tower)17)에서 기거한다. 이러한 처지에서 자신의 주체성을 잃지 않으려고 고심하는

---

16) 텍스트에는 "Mother"가 아니라 "Nother"로 되어 있다.
17) 아일랜드가 영국으로부터 독립하기 위하여 나폴레옹에게 원군을 요청하자, 영국이 나폴레옹 군대의 침공을 막기 위하여 더블린 주변 해안에 세운 일종의 요새탑. 현재는 제임스 조이스 박물관으로 사용되고 있다.

샌디코브 해안에 있는 마아텔로 탑

『율리시즈』제1장의 무대가 되고 있는 마아텔로 탑 내부
(현재 제임스 조이스 박물관으로 사용되고 있다.)

스티븐의 모습은 햄릿을 방불케 한다. 햄릿에게는 "세상이 훌륭한 감옥"이듯이 마아텔로의 어두침침한 내부는 스티븐을 감금하는 감옥처럼 보인다. 그 역시 자살을 염두에 두기도 한다. 마아텔로 탑은 그의 고립과 이데아의 세계를 추구하기 위한 상아탑으로서, 그의 일시적인 도피처로 상징되고 있다. 파리가 그의 제1의 도피처라면 이 탑은 제2의 도피처인 것이다. 이 탑에서 "찬탈자"(usurper)들인 벅 멀리건(Buck Mulligan)과 헤인즈(Haines)가 스티븐과 함께 기거하고 있다. 이들은 스티븐이 임대료를 물고 있는 이 탑에 기생하며, 더구나 멀리건은 스티븐에게서 돈을 뜯어내는 물질적 찬탈을 한다. 그러나 이 두 사람의 상징적 찬탈 행위는 이보다도 더 심한 것이다. 헤인즈는 영국인이다. 따라서 아일랜드를 지배하고 있는 영국을 상징하는 인물인 것이다. 벅 멀리건은 친영파일 뿐더러 속물 근성을 가진 사람이다. 도피하기 이전의 현실로 돌아온 스티븐은 자신을 "두 주인을 섬기는 종"(the servant of two masters)이라고 한탄한다. 여기에서의 두 주인이란 벅 멀리건과 헤인즈로 상징되는 대영제국, 그리고 로마 가톨릭 교회를 가리키는 것이다. 스티븐이 가톨릭 교리를 거부하는 것은 자신의 정신적 자유를 추구하기 위함이다. 환상의 장(章)인 「키르케」(Circe)에서 스티븐은 루시퍼(Lucifer)처럼 "이제 난 섬기지 않겠어!"(Non serviam!)라고 외친다. 스티븐은 또한 "하녀의 금이 간 거울이 아일랜드 예술의 상징"이라고 조소하지만, 그가 도피했던 현실 세계로 돌아오게 되자 그의 예술가적 자존심은 점점 허물어져 간다.

　스티븐은 그의 도피처인 마아텔로 탑을 찬탈자들에게 넘겨

주기로 마음먹는다. 그는 이제 이 탑을 떠나야만 그의 정신적 자유를 얻을 수 있기 때문이다. 그러나 그는 자기의 집으로 갈 수도 없다. 그는 육체적인 아버지(consubstantial father)를 거부한다. 스티븐이 그의 육체적 아버지를 거부하듯이 그의 아버지 역시 스티븐을 거부한다. 스티븐은 자신의 영적(靈的)인 아버지(transubstantial father)를 추구한다. 스티븐은 어머니 역시 그를 가톨릭에 빠지게 함으로써 그를 "익사"(溺死)시키려 하고 있다고 생각한다. 그는 어머니의 자궁을 "모든 것을 배태(胚胎)하는 무덤"(allwombing tomb)이라고 본다.

스티븐은 그의 정신 세계를 다시 감금하려는 마아텔로 탑의 열쇠를 멀리건에게 넘겨주고, 그가 교사로 종사하고 있는 더블린 시내에 위치한 도오키(Dalkey) 소학교로 떠나는데, 이것은 더블린이라는 '마비'의 함정으로 다시 빠져드는 상징적 의미가 있다. 이 학교에서 역사를 강의하는 동안 그는 역사에 대한 의식 속에 젖어 든다. 그는 상상 속에서 "모든 공간의 폐허, 산산이 부서지는 석조 건물의 무너지는 소리"를 들으며 "역사란 허황된 야망으로 짜인 공허한 이야기"에 불과한 것으로 본다. 그는 역사의 무의미를 생각하며 "형상 중의 형상"(form of forms)인 영혼의 세계를 추구한다. 이 학교의 교장 디이지(Deasy)의 사무실에서 그와 면담하는 동안에도 스티븐의 의식은 그를 둘러싸고 있는 "세 개의 올가미"(Three nooses round me here)로 흐른다.

급료를 받은 스티븐은 자기 호주머니에 든 돈을 "탐욕과 불행으로 더럽혀진 상징들"이라고 생각한다. 그는 이렇게 물질주의를 냉소하지만 현실은 찬탈자 멀리건에게서 헌 바지와 구두를 빌려 입고 있는 처지이다. 또한 자기가 가르치고 있는 부유층 자제들의 얼굴을 선망의 눈으로 바라보는 것이다.

영국을 옹호하며 "돈은 힘이다"(Money is power)라는 신조를 가지고 있는 디이지 교장은 "유태인의 손아귀에서 영국은 죽어 가고 있다"고 말한다. 이러한 그의 물질주의와 속물 근성에 혐오를 느낀 스티븐은 이 학교에서는 더 이상 배울 것이 없다고 생각한 나머지 사직한다. 디이지는 스티븐의 또 하나의 적이며 이로써 그의 고립은 한층 더 심화된다.

제3장 「프로테우스」(Proteus)에서 스티븐은 도오키 소학교를 떠나 다시 해변(Sandymount Strand)을 찾게 된다. 이는 『초상』에서의 해변과 대조를 이루며 그의 관념 세계로의 몰입을 보여주고 있다. 현실을 피하는 스티븐의 모습이 해변(Sandycove) - 학교 (Dalkey) - 해변(Sandymount)으로 교체되어 나타나는 것을 볼 수 있다.

『율리시즈』 제1부는 자아에 몰입된 스티븐의 의식을 그 뼈대로 하고 있다. 조이스가 『더블린 사람들』에서 보여주었듯이 마비된, 그리고 여전히 마비되어 가고 있는 더블린에 돌아온 스티븐 역시 정신적 마비를 겪어 가고 있으며, 『더블린 사람들』의 더피 씨(Mr Duffy)와 같이 모든 육체적·세속적·본능적 세계를 경멸하고 자아에만 몰입하고 있다.

그의 친구 멀리건이 스티븐을 조롱하고 업신여기자 스티븐은 마음속에서 자신의 "날카로운 예술의 창"(the lancet of my art)과 "차가운 강철펜"(The cold steelpen)을 의식한다. 또한 영국의 빅토리아 여왕을 "누런 이빨을 가진 마귀할멈, 내 앞에서 무릎을 끓어라"고 할 정도로 오만함을 보인다.

『율리시즈』에서의 스티븐은 예술가인 동시에 더블린의 한 시민이다. 찬탈자들에게서 그의 설 곳을 잃고 있으나 다른 사회적 교제를 거부한다. 또한 종교는 물론, 국가·사회·윤리의 모든 강령을 거부한다. 이는 현실과의 타협을 거부하고 정신생활에서만 자아를 지키려는 태도인 것이다. 그의 내면 의식은 햄릿과 유사하며, 그의 처지는 고독하고 비통한 텔레마코스(Telemachus)의 그것이다. 이들과 마찬가지로 스티븐도 어머니, 아버지, 가정 그리고 자아에 생각이 사로잡혀 있다. 현실에서 겪는 고뇌 때문에 그는 아버지 사이먼 디덜러스처럼 주정뱅이로 전락한다.

『초상』에서 추구한 바 있는 자아 실현의 수단인 "침묵, 교지(狡智), 망명"(silence, cunning, exile)을 여전히 고수하려 하지만 그의 자아는 붕괴되고 있다. 『초상』에서 자신을 "왕관을 쓴 황소"(Bous Stephanoumenos)로 생각했던 스티븐은 『율리시즈』에서 "스스로 괴로워하는 자"(autontimorumenos)가 되고 만다.

그의 강한 자아 의식은 성(性)의 문제에 있어서도 나타난다. 『초상』에서 해변에 나타난 그 소녀는 예술 세계를 추구하는 그에게는 이상적 여성이었다. 그 소녀의 모습은 그로 하여금 생활의 안정을 보장하는 성직을 버리고 예술가를 지향하도록 영감을 불어넣어 준 천사, 바꾸어 말하면 현현(顯現)이었던 것이다. 그러나 현재는 생활의 안정도 여자도 얻지 못한 상태이다. 22세의 청년인 그의 육체는 그가 경험한 창녀와의 관계 이상의 성적인 관계를 갈망한다. 그러나 실제로 여인을 갖는다는 것은 자신을 동물로 전락시키는 것으로 여기기 때문에 「끔찍한 사건」 (A Painful Case)의 더피 씨처럼 육체적 본능을 이성적으로 거부한다. 그는 사춘기 시절에 창녀와의 경험을 가진 후 심한 죄의식에 시달린 과거를 기억하고 있으며 또한 성적(性的)인 문제로 야기될 수 있는 위험을 두려워하는 것이다.

멀리건은 초라한 행색의 스티븐을 보고 "불쌍한 개 몸뚱이"(poor dogsbody)라고 빈정댄다. 이것은 '예술의 신'(Artistic God)을 추구하는 스티븐을 조롱하는 말이다. 멀리건은 그를 신(God)이 되기를 원하는 어린 개(dog)로 보는 것이다.[18] 바닷가에서 물위에 떠오른 개의 시체를 보는 순간 스티븐은 자신을 'dogsbody'와 동일시한다. 또한 그는 자신을 아리스토텔레스, 신(God), 그리스도, 루시퍼(Lucifer), 햄릿, 아담 등과 동일시하는데 이것은 그가 겪고 있는 자아의 혼란 상태를 잘 반영해 주고 있다. 『초상』에서 자신을 "매 같은 사나이"(hawklike man)로 여기고 의기양양해 하던 스티븐은 이제 자신을 물에 빠진 이카로스로 여긴다.

전설의 장인(匠人), 매 같은 사나이. 너는 날았다. 어디로? 뉴헤이븐-디에쁘,[19] 삼등 여객. 파리 그리고 되돌아오다. 댕기물떼새, 이카로스. '빠떼르 아이뜨'(그는 울부짖는다). 바닷물이 튀겨 젖고,

---

18) dog와 god는 이 작품에서 조이스가 흔히 사용하는 두음 전환(spoonerism)의 일례이다. 「키르케」에서 사자(死者)를 위한 흑미사(black mass)를 올리는 장면에서 모든 것이 뒤집혀 dog가 god가 되는 것(Dooooooooooog!...Goooooooooood!)도 같은 유형이다.
19) 영국의 항구도시 뉴헤이븐과 프랑스의 항구도시 디에쁘 사이를 정기 여객선이 왕래한다. 스티븐이 파리로 갈 때 이 항로를 이용하였다.

떨어져, 뒹굴며. 너는 댕기물떼새. 댕기물떼새인 거다.20)

이날 스티븐의 의식을 가장 크게 지배하는 것 중의 하나는 "양심의 가책"(Igenbite of Inwit)이다. 『초상』에서 그의 어머니는 스티븐이 성직자가 되기를 염원한다. 그러나 종교는 스티븐에게 "올가미"가 되므로 그는 이를 거절하고 자유로운 예술의 길을 택했었다. 어머니 임종 소식을 듣고 더블린으로 돌아온 스티븐에게 어머니는 자기의 영혼을 위해서 기도해 달라고 애원한다. 이러한 요구의 이면에는 가족·교회·사회의 규범에 따르라는 요구가 암시되어 있기 때문에 스티븐은 결국 어머니의 요구를 거절한다.

마아텔로 탑에서 멀리건은 바다를 바라보면서 바다를 "위대하고 감미로운 어머니, 강력한 우리의 어머니"(a great sweet mother, our mighty mother)라고 저의를 담은 말을 한다.21) 이때 멀리건의 곁에 있던 스티븐은 죽은 그의 어머니에 대한 생각에 빠져든다. 스티븐은 그의 쓰라린 기억을 넌지시 일깨운 멀리건과 말다툼을 벌이게 된다. 멀리건은 죽음의 침상 앞에서 무릎을 꿇고 기도해 주기를 애원한 어머니의 요구를 거절한 스티븐을 신

---

20) James Joyce, *Ulysses*(Harmondsworth : Penguin Books Ltd., 1986), p. 173. (이하 『율리시즈』는 본서에서 번역 인용하며 *U.*로 표시하고 페이지 수만 밝힘)
21) 스티븐에게 바다는 그의 어머니를 상징하는 대상이 된다. 그의 어머니는 그의 예술의 자유를 구속하는 가톨릭의 상징이다. 따라서 스티븐은 어머니 - 바다 - 물을 혐오한다. 스티븐은 블룸과 대조적으로 물을 싫어하는 자(hydrophobe)인데 물은 비옥(fertility)의 상징임을 미루어 볼 때 이것은 현재 그의 정신적·육체적 불모(sterility)의 상태를 반영한다.

랄하게 비난하면서 그의 어머니를 죽인 것은 스티븐 자신이라고 비꼬기까지 한다. 이로 인해 스티븐은 종일 죽은 어머니에 대한 "양심의 가책"에 시달리며, 「키르케」에서는 그녀의 환영(幻影)에 시달리게 된다. 이래서 멀리건은 한편으로 스티븐의 정신적 찬탈자가 된다.

스티븐의 우울증은 세상에 대한 무관심, 애정에 대한 무감응으로 발전하고 바닷가에서 익사한 사나이를 인양하는 광경을 보는 순간 익사한 사나이를 자신과 동일시하게 된다. 그는 자신을 낳은 어머니를 원죄의 화신으로 여기는 데까지 이른다.

환상의 세계인 「키르케」에서 어머니의 망령이 나타나 스티븐을 궁지에 몰아 넣는다. 망령은 "낳아 기르고 어려운 처지에서 구해 주었으며 슬픔을 달래 준" 그녀를 배신한 스티븐을 가혹하게 꾸짖고는 "초록빛 게"(green crab)가 되어 그에게 덤벼든다. 초록빛 게는 그의 어머니를 죽게 한 암인데, 악의에 찬 충혈된 눈을 가진 초록빛 게는 "하느님의 손을 조심하라"(Beware God's hand)고 외치며 번쩍거리는 집게발로 스티븐의 심장을 깊숙이 찌른다. 어머니의 망령은 이제 스티븐을 위협해서 굴복시키려고 하는 것이다. 스티븐은 루시퍼처럼 "난 섬기지 않겠어!"(Non-serviam!)라고 외치고, 항거하기 위하여 물푸레나무 지팡이로 샹들리에를 부수어 산산조각이 나게 한다. 이렇게 하여 스티븐의 환상은 끝이 난다. 스티븐이 어머니를 배신한 것으로 인한 최악의 환상을 경험하는 모습이다.

스티븐이 물푸레나무 지팡이로 포주 벨라(Bella)의 샹들리에를 부수어 버리는 것은 새로운 것을 창조하기 위해서 과거의 것을 파괴해 버리는 행위로 상징된다. 물푸레나무는 상징적으로 생명의 나무이다. 사창가인 밤의 도시(Nighttown)에 들어선 스티븐이 물푸레나무 지팡이를 짚고 있는 것을 보고 그의 친구 린치(Lynch)는 "목발을 짚고 걸어 보게나"(Take your crutch and walk)라고 스티븐에게 말한다. 이는 예술 창조에 분발하라는 충고인 것이다. 스티븐이 술에 취해 이 지팡이를 팽개치자 블룸이 나중에 다시 집어 주게 된다.

샹들리에를 부수어 버림으로써 암흑의 세계가 된다. 「이타카」(Ithaca)에서 스티븐이 몰리의 창에서 비치는 불빛을 바라봄으로써 암흑의 세계에서 광명의 세계로 그를 인도하는 상징성을 띠게 된다. 블룸 역시 촛불을 들고 그를 인도함으로써 그에게 빛을 주는 사람이다.

스티븐은 여태 여자에게서 사랑을 받아 본 적이 없다. 돈을 주고 산 여자에게서 육체적 욕구를 충족시켰을 뿐이다. 스티븐에게 있어서 여성은 변덕스러운 동시에 신비스러운 존재로서 단지 그의 상상 속에서 이상화되기도 하고 천한 존재가 되기도 한다. 그는 외로움에 몸부림치며 상상 속에서 성(性)을 갈구하기도 한다.

> 나를 만져 줘요. 부드러운 눈길. 부드럽고 부드러운 손. 여기 있는 난 외로워. 오, 지금 어서 나를 만져 줘요. 모든 이들에게 알려져 있는 그 말은 무엇인가요? 난 정말 외로워. 슬프기도 하고. 나를 만져 줘요, 나를.
>
> —U. 41—

"모든 이들에게 알려져 있는 그 말"(that word known to all men)은 사랑을 뜻한다. 유아론자인 스티븐은 타인과의 교제를 거부함으로써 사랑의 의미를 아직 모르고 있는 것이다.

이렇게 놓고 볼 때 『초상』에서 보인 그의 도피의 결심은 의미가 없다. 왜냐하면 이것은 단지 그만 알고 있는 좁은 경험의 세계에서의 도피이며, 세상에는 그가 겪어 보지 못한 잡다한 양상들이 존재한다는 사실을 모르고 있기 때문이다. 그의 예술적 이상을 달성하기 위해서는 엄연히 존재하는 현실을 받아들이고, 현실의 수용을 통한 예술가적 초월의 경지에 닿아야 하는 것이다. 『초상』에서의 스티븐의 낭만적인 감정은 마치 『더블린 사람들』의 「애러비」의 소년처럼 환멸로 끝났음을 『율리시즈』에 나타난 그의 모습에서 볼 수 있다.

샌디마운트 해변에서의 스티븐의 의식은 변화하고 그 영역이 확대되어 가는 것을 볼 수 있다. 『초상』에서 보는 돌리마운트(Dollymount)에서의 산책은 벨비디어의 학교장이 그에게 성직(聖職)을 권한 후의 일이며 황혼 무렵의 산책인데 비해, 샌디마운트 해변에서의 산책은 디지 교장과 역사에 관한 논쟁을 한 후의 일로서 낮 11시의 산책인데, 이것은 그의 의식 변화의 상징적 배경을 이루고 있다. 그의 의식은 "가시적(可視的)인 것의 불가피한 형태"(Ineluctable modality of the visible)에서 출발한다. 그는 모든 변화하는 현상에 눈길을 돌려 어떤 불변하는 법칙을 찾으려 한다. 이것은 그의 인식 세계의 확대이며 커다란 변화이다. 그러나 이 시점에서 그는 불변하는 법칙을 찾는 데 성공하지 못한다. 그가 바라보는 대상은 샌디마운트 해변에서 그의 시야에 펼쳐지는 사물에 국한되어 있기 때문이다. 그가 성공하기 위해서는 발걸음을 돌려 더블린 시내로 향하지 않으면 안 된다. 그를 둘러싸고 있는 모든 현실 세계를 직시하고 거기에서 자신이 추구하는 법칙을 찾아야 하는 것이다.

그는 아일랜드의 예술을 "하녀의 깨진 거울"이라고 조소하고 있다. 그러나 자신의 예술을 승화시키기 위해서는 그가 『초상』에서 내세운 예술가의 태도, 즉 전지적(全知的) 관점을 지닌 비개인적 태도(impersonality)를 실천에 옮기지 않으면 안 된다.

"전설의 장인"인 다이달로스가 되고자 했던, 또한 '예술적 창조의 신'(Artistic God)이 되고자 했던 스티븐의 '초상'은 'A Portrait of the Artist as a Young Man'이 아니라 'A Portrait of the Artist as a Young Dog'가 되어 버린 아이러니를 『율리시즈』에 등장한 그의 모습에서 볼 수 있다. 스티븐이 자아의 몰입에서 벗어나 진정한 예술가가 되기 위해서는 육체의 세계를 대변하는 몰리와, 만인(萬人) 또는 범인(凡人)의 세계를 대변하는 리오폴드 블룸을 필요로 한다.

(2) Marion(Molly) Bloom — 육체의 세계

스티븐이 지적(知的)·정신적 세계의 극단을 보여주는 인물인 반면 몰리(마리언의 애칭)는 육체적 세계의 극단을 보여준다. 조이스는 육체를 찬양하는 작가이다. 그는 『율리시즈』를 "인간 육체의 서사시"(the epic of human body)라고 말한 적이 있다.

풍만한 체구에 관능적이며 자신감에 차 있는 몰리는 소설에 있어서 새로운 여성의 전형을 보여주는 인물이다. 에드먼드 윌슨(Edmund Wilson)은 구두점 하나 없이 40여 페이지에 걸쳐 펼쳐지는 몰리의 독백을 "육체의 광시곡"(the rhapsody of the flesh)이라고 하였다.22) 「페넬로페」 장에서 펼쳐지는 그녀의 의식은 물의 흐름처럼 흘러간다.

우리가 몰리의 모습을 처음 보게 되는 것은 「칼립소」(Calypso)에서인데, 그녀는 여기서 단지 두 번 잠시 모습을 드러낼 뿐이다. 「키르케」에서 그녀가 등장하지만 이것은 환상의 장(章)이며, 「페넬로페」에서는 그녀의 긴 밤의 묵상으로 이어지므로 실제로 몰리가 작품에 나타나는 것은 여기(「칼립소」)뿐인 것이다. 그러나 몰리는 종일 남편인 블룸의 의식 속을 드나듦으로써 블룸을 통하여 우리는 그녀에 대해서 알게 된다.

오전 여덟 시, 블룸은 그녀에게 아침으로 뭘 좀 들지 않겠느냐고 묻자 그녀는 침대에 누운 채 "음"(Mn)이라고 대답한다. 이 말은 그녀가 하는 최초의 말로서 부정적 의미, 즉 'No'를 의미한다. 이것은 이들 부부 사이가 단절되어 있음을 최초로 암시하는 말이다. 그녀의 말은 부정어인 "Mn"에서 시작되어 이 작품의 최후의 단어인 "Yes"로 끝이 난다.

몰리는 작품 전체를 통하여 침대에 누워 있는 인물로 묘사된다(그녀가 「페넬로페」의 말미에서 소변을 보기 위하여 실내 변기

---

22) Edmund Wilson, "James Joyce", ed. William M. Chase, *Joyce : A Collection of Critical Essays*(Englewood Cliffs, N. J. : Prentice-Hall Inc., 1974), p. 66.

에 앉는 행위를 제외하고는). 풍만한 육체를 가진 그녀가 침대에 누워 있는 모습은 육체의 세계를 상징하는 그녀의 이미지와 잘 부합된다.

블룸은 몰리의 아침 식사를 마련하여 가져다준다. 그녀가 침대에서 음식을 먹는 동안 블룸은 육감적인 아내의 육체를 살핀다. 여기서 남편으로서의 권위를 상실한 블룸의 모습을 최초로 볼 수 있다.

블룸은 몰리에게서 온 편지 한 통을 그녀에게 갖다 준다. 블룸이 누구에게서 온 편지냐고 묻자 그녀는 보일런(Boylan)이 연주회 프로그램을 가지고 온다는 소식의 편지라고 대답한다. 몰리는 소프라노 가수이며, 몰리의 매니저인 보일런은 사실상 몰리의 정부(情夫)이다.

몰리는 그녀답게 값싼 선정적(煽情的)인 소설을 좋아한다. 그녀의 침대에 놓여 있는 책은 『루비 : 곡마장의 자랑거리』(*Ruby : the Pride of the Ring*)23)이다. 이 소설에는 괴물 마페이(Maffei)가 벌거벗고 무릎을 꿇고 있는 곡마단의 소녀 앞에서 말채찍을 손에 든 채 서 있는 해괴한 그림이 들어 있다. 몰리는 블룸에게 역시 선정적인 내용의 이야기인 뽈 드 꼬끄(Paul de Kock)24)가 쓴 소설을 구해 달라고 한다. 'Kock'는 남성 성기의 속어(cock)를 연상시킴으로써 몰리는 그가 참 멋진 이름을 가졌다고 말한다.

블룸과 몰리는 외아들 루디(Rudy)가 태어난 지 11일 만에 죽

---

23) 서커스단의 이야기를 다룬 에로틱한 소설. 루비는 이 작품에 나오는 미모의 여주인공. 작가 미상.
22) 프랑스의 인기 소설가·극작가.

은 이후로 10년이 넘게 성관계를 갖지 못했다. 외아들을 잃은 정신적인 충격으로 블룸은 아내와 성관계를 이루지 못하는 것이다.

성적(性的)으로 좌절된 블룸과 극단적인 대조를 이루어 몰리는 성(性)의 억압으로부터 해방을 갈구하는 여성이다. 육욕적인 면에서 몰리를 현대판 몰 플란더즈(Moll Flanders)[25]라고 평하는 이들도 있다. 성에 대해서 그녀는 솔직하고 대담하다. 몰리의 독백은 색정적이며, 성적인 자유를 추구하는 그녀의 이미지를 강하게 부각시키고 있다.

이날 오후 4시 몰리의(또한 블룸의) 침대에서 그녀와 보일런과의 정사(情事)가 이루어진다. 몰리는 오랜 공백 기간 끝에 그녀의 육체에 만족을 주고, 삶의 새로운 흥분을 가져다준 보일런에게 강한 매력을 느낀다. 그리고 그가 다음 월요일에 또 오겠다는 약속을 애타게 기다린다. 그녀는 오히려 그녀의 육체를 만족시켜 주는 대리인으로서 보일런은 남편인 블룸에게도 필요한 존재라고 생각한다. 몰리의 태도에서 죄책감이란 없다. 이것이 그녀 특유의 모습이다.

몰리에 관한 연구에서 가장 관심을 불러일으키고 논란의 여지가 많은 것은 그녀와 직접 또는 간접적으로 관계를 맺은 25명의 남자들에 대한 것이다. 이들 25명의 이름의 목록을 「이타

---

[25] 다니엘 데포(Daniel Defoe)의 소설 『몰 플란더즈』(Moll Flanders)에 나오는 주인공. 뉴게이트(Newgate) 감옥에서 태어나 12년간은 창녀로, 다섯 번의 아내 노릇, 또 12년간은 도적, 8년 동안은 죄수 생활을 한 파란만장한 한 여인의 일대기를 그린 소설.

카」장에서 볼 수 있다. 「페넬로페」에서는 이들 중 18명이 그녀의 회상에서 다시 나열되지만, 보일런을 제외하고는 어떤 인물들이 그녀와 육체 관계를 가졌는지에 대해서는 확실치 않다. 그러나 그녀가 이들과 육체적 관계를 갖지 않았더라도 상당히 깊은 육체적 애무를 한 남자들이 포함되어 있는 것은 사실이다. 몰리가 보일런과의 정사(情事)를 회상하는 대목에서 "난 그렇게 큰 건 처음이었어"(I never in all my life felt anyone had one the size of that)라고 하는 것으로 보아 그녀의 많은 성 편력을 짐작할 수 있다. 몰리가 최초로 월경을 시작한 것은 15세 때이고 그녀는 현재 34세이므로 그녀는 매년 평균 한 명 이상의 애인을 가진 셈이 된다. 따라서 몰리는 『율리시즈』에서 육체의 세계를 대변하는 하나의 극단을 이룬다.

 몰리를 보는 비평가들의 시각은 다양하다. 비평적 관점은 크게 몰리를 여성 심리의 측면에서 동정적으로 보는 부류와, 그녀의 색정을 도덕적인 측면에서 혹평하는 두 부류로 구분된다. 칼 융(Carl G. Jung)은 몰리의 독백을 여성 심리의 진면모를 보여주는 것이라 했다.

 몰리는 관능의 세계를 대변하는 인물이다. 조이스는 『율리시즈』의 초고(草稿)에서 그녀를 "남성을 집어삼키는 암거미"(female spider devours male after)의 이미지로 부각시키려고 했다. 정숙한 페넬로페가 남편을 위하여 베를 짜는 반면 그녀는 남성을 유혹하기 위해 거미줄을 짜는 여자처럼 보인다. 『오디세이』와의 신화 병치 구조를 가진 『율리시즈』에서 조이스가 페넬로페와 몰리를 대응시킨 것은 조이스 특유의 아이러니 중에 하나이다.

그녀의 독백에서 볼 수 있는 바와 같이 그녀와 성관계를 가진 남성이나 그렇지 않은 남성이나 모두 'he'라는 대명사로 혼용되어, 적어도 그녀의 관점에서는 동일시되고 있다. 따라서 25명의 애인이 실제로 그녀와 통정(通情)을 했건 안 했건 그 사실을 가지고 논의할 필요는 없다고 본다. 다만 조이스는 몰리를 통해서 현대 여성의 복합적인 심리를 투사함으로써 여성의 잠재의식의 한 전형을 보여주고자 한 것이다. 조이스는 심리적인 차원에서 블룸을 '현대의 보통 남자'(modern everyman)로, 몰리는 '현대의 보통 여자'(modern everywoman)로 그리려 한 것이다.

그녀를 보는 비평적 시각은 다양하다. 틴덜(Tindall)은 그녀를 "자궁"으로, 엘만(Ellmann)은 "자연"으로, 케너(Kenner)는 "관능의 여신"으로 보았다. 로버트 보일(Robert Boyle)의 「페넬로페」 장에 대한 논평은 매우 흥미롭다.

> 몰리의 생각의 중심을 이루는 것은 성(性)이다. (……) 이 장[「페넬로페」]의 여덟 개의 문장에서 조이스는 숫자 8의 모양과 구조를 사용하고 있는 것 같다. 숫자 8은 성적인 상징으로 자주 반복되고 숫자 69와 유사한 것으로 나타나고 있다. 그렇다면, 또 숫자 8이 몰리의 음부를 상징하는 것이라면(나는 그렇게 생각한다), 특히 생명을 창조하는 여성의 생식 기능을 숭배하는 블룸은 여기서 의식적(儀式的)으로 삶의 원천에 접근하고 있는 것이다. (……) 어쨌든 이 장을 통해서 8이라는 숫자가 나뒹굴고 나뉘어지고 곱해지는 것은 8이 선회하는 효과를 준다. 이 장에서 조이스의 중심어와 중심문장, 그리고 리듬이 선회하듯이, 이것은 지구의 회전을 은유적으로 표현한 것이다.26)

우리가 몰리를 도덕적인 차원에서 본다면 형편없는 색정광에 불과하다. 그러나 『율리시즈』에 등장하는 다른 여성들과 비교하면 몰리에게서 아주 다양한 인간의 모습을 찾아볼 수 있다. 블룸의 옛 애인 조시 브린(Josie Breen), 오먼드 바(Ormond Bar)의 여급들, 육체의 노출로 블룸을 유혹하는 거어티 맥도웰(Gerty Macdowell), 맹목적으로 많은 아이를 낳는 퓨어포이(Purefoy)부인, 밤의 거리의 창녀들, 이들은 평면적 인물에 지나지 않는 반면 몰리는 여성들의 전반적인 모습을 보여주는 입체적 인물로 부각된다.

몰리의 독백을 통하여 우리는 그녀에게 많은 인간적인 면들이 공존하고 있음을 알게 된다. 몰리도 블룸처럼 비폭력적인 평화주의의 자세를 취한다. 그녀는 이 세계가 모계 중심의 사회가 되면 살인, 폭력, 도박, 음주 등이 없는, 보다 이상적인 세계가 될 것이라고 주장한다.

몰리는 남성은 여성의 자궁에서 태어나며 그 이후에도 남성이 여성에게 강렬한 성적 욕구를 느낀다는 점에서("...all mad to get in there where they come out of...") 여성의 상대적인 우위를 주장한다. 그런데도 여성은 남성을 위해서 항상 하위에 있어야 하는 불평등에 대해서 분개한다. 여성은 항상 남성에게 종속되어야 하는 사회 관습을 부정함으로써 현대적 여성 해방론자의 일면을 보여준다.

---

26) Robert Boyle, "Penelope", *James Joyce's "Ulysses"*, eds. Clive Hart and David Hayman(University of California Press, 1977), pp. 412-413.

변덕스러운 몰리는 보일런에게서 큰 성적 만족을 느끼지만 그의 가학적인 행위와 여성을 경시하여 성적 만족의 대상으로만 보는 것을 싫어한다.

(……) 엉덩이를 때리는 건 싫었어 (……) 웃어 버리고 말았지만 난 말이나 당나귀가 아니란 말이야 (……) 젖꼭지를 물어 아직도 이빨 자국이 남아 있네 (……)

―U. 610, 620―

보일런은 그녀가 열망하는 정서적인 만족감을 주지 못한다. 결국 몰리의 의식은 보다 신사적이고 이해심 많은 남편 블룸에게로 향하게 된다.

몰리의 독백의 후반부는 그녀의 스티븐에 대한 생각으로 되어 있다. 에드먼드 윌슨(Edmund Wilson)은 몰리의 스티븐에 대한 태도를 "애욕과 모성이 섞인"(half-amorous, half-maternal) 것으로 보고 있다.[27] 예술가인 그의 지성과 젊음에 몰리는 큰 매력을 느낀다. 한편 스티븐과 같은 아들을 둔 부모를 동경하며 아들을 키워 보지 못한 자기 부부의 처지를 한탄한다. 이어서 몰리의 의식은 그녀의 죽은 아들 루디에게로 흘러감으로써 그녀의 어머니다운 면을 보여준다. 다음 순간 몰리의 의식은 큰 변화를 보이게 된다. 아들에 대한 생각은 가정을 의식하게 만듦으로써 몰리의 의식은 남편 블룸에게로 흘러간다. 그리하여 몰리

---

27) Edmund Wilson, "James Joyce", ed. William Chase, *Joyce : A Collection of Critical Essays*, p. 55.

는 블룸을 다시 남편의 위치로 끌어올리려는 노력을 보인다. 블룸에게 완전한 성관계를 가질 수 있는 기회를 줄 계획을 한다. 아침 일찍 일어나 시장에 가서 신선한 음식을 마련할 궁리를 한다. 오늘 아침 그녀에게 식사를 갖다 준 블룸의 가장(家長)으로서의 위치를 상기할 때 이들 부부의 관계가 정상을 회복할 징조를 보이는 것이다. 몰리는 가장 좋은 속옷을 입고 블룸 앞에 나서서 그의 색정을 돋우어 보려는 생각도 품는다. 몰리다운 발상이다. 그래도 블룸이 반응을 보이지 않으면 보일런과의 숨막힐 듯했던 정사 이야기를 해주어서라도 남편의 색정을 불러일으키게 해 보리라 생각한다. 몰리는 자기가 간부(姦婦)라면 자기에게 성적 만족을 주지 못한 블룸의 책임이라고 생각한다("...its all his own fault if I am an adulteress..."). 그녀는 신(神)이 여성에게 성적 매력을 주었으므로 여성의 존재 가치는 그러한 매력에 있으며, 자신과 같은 행위는 감추고 있을 뿐이지 누구에게나 보편적으로 일어나는 일이라고 생각한다.

몰리는 나이가 열 살 이상 차이가 나는 스티븐을 그녀의 관능적인 육체로 유혹하여 정부(情夫)로 삼아 볼까 할 정도로 대담하다.

『율리시즈』에서 그녀는 페넬로페뿐만 아니라, 달(月), 장미, 멜론, 대지, 우유, 꿀, 바다, 비너스(Venus), 성모 마리아[28] 등의 이미지와 결부되어 여성으로서 그녀의 다양한 모습이 부각된

---

[28] 몰리의 생일은 성모 마리아의 생일과 같이 9월 8일이다. 몰리를 성모 마리아의 이미지로 묘사하는 것과 같은 '익살스럽고도 진지한'(joco-serious) 조이스의 아이러니 기법을 이 작품에서는 많이 볼 수 있다.

다. 정절의 면에서 그녀와 페넬로페는 극단적인 대조를 보이지만, 하루 종일 방황하는 스티븐과 블룸의 종착지가 침대에 누워 있는 몰리임을 생각할 때 그녀의 존재는 커다란 상징적 의미를 띠게 된다.

몰리라는 인물의 정체성(正體性)을 파악하기란 매우 힘든 일이다. 현대 소설에서는 주인공에게 어떤 패러다임을 설정하지 않는 것이 통례이다. 몰리의 정체성을 두고 비평가들의 의견이 분분하지만, 한편으로 몰리의 그러한 특성 때문에 그녀에 대한 흥미가 더해진다. 조이스는 「이타카」에서 몰리를 자연의 이미지와 결부시켜 창조, 생명, 다산(fertility)을 상징하는 대지의 여신 가이아 텔루스(Gea-Tellus)29)로 묘사하고 있다. 그녀는 모든 생명을 낳는 대지의 어머니(Mother-Earth)가 된다. 몰리는 아일랜드의 황무지에 비를 내리는 생명력의 상징으로 승화된다.

몰리의 독백 자체가 물 같은 언어의 흐름(verbal stream)이다. 『피네간의 경야』의 안나 리비아 플루라벨(Anna Livia Plurabelle)이 리피(Liffey) 강 자체이듯이 몰리는 물의 속성, 바꾸어 말하면 생명력, 다산, 비옥을 상징하는 인물로 변신한다.

육체의 세계의 극단을 이루는 몰리를 이렇게 변신시키는 것은 조이스 특유의 아이러니이다. 조이스는 육체의 세계를 찬양하는 작가이며, 그에게 있어서 최상의 사랑은 육체적 사랑임을 생각할 때 몰리의 이러한 변신은 수긍이 갈 수 있다.

---

27) 가이아-텔루스(Gea-Tellus) : 그리스 신화에서 만물의 어머니이자 대지의 여신인 가이아(Gea 혹은 Gaea)와, 로마 신화에서 대지의 여신인 텔루스.

몰리의 독백의 마지막 단어는 삶의 긍정을 외치는 "Yes"이다. 스티븐과 블룸이 삶에 대해서 회의적인 반면, 몰리는 근본적으로 삶을 긍정하는 인물이다. 조이스가 몰리를 긍정적으로 묘사하기 위한 노력은 그녀의 독백에 'yes'를 추가한 사실로써 입증된다. 「페넬로페」에서는 'yes'라는 말이 83번 반복되는데 28번은 조이스가 여러 번 수정을 거쳐서 추가한 것이다. 그리고 조이스는 최종적으로 『율리시즈』의 마지막 단어 'yes'를 대문자화하고 종지부를 찍고 있는데(Yes.) 이것은 몰리가 블룸을 수용하고 그와 일체를 이루는 효과를 주기 위함이었다. 몰리의 이러한 변모는 만인(Everyman)의 모습을 갖춘 블룸의 중용적 역할과 그의 인간애로서 가능해진다.

(3) Leopold Bloom — 만인(萬人)의 세계

스티븐이 영혼의 세계를, 몰리가 육체의 세계를 대변하는 반면 리오폴드 블룸(Leopold Bloom)은 범인(凡人) 또는 만인(萬人)의 세계를 대변한다. 「이타카」에서 그는 "Everyman or Noman"으로 묘사되고 있다. "Everyman"은 현실적 차원에서 그의 다양한 면모를 반영하며, "Noman"은 우주적인 차원에서 새로운 탄생의 전조를 보이는 그의 모습을 암시한다.

희랍의 영웅 율리시즈(라틴어 Ulysses; 희랍어 Odysseus)가 다양한 인간의 면모를 보여주듯, 블룸은 한 현대인으로서 갖가지 모습을 보여준다. 조이스는 『율리시즈』 집필 당시 그의 전기 작가인 프랭크 버전(Frank Budgen)에게 "율리시즈는 만능의 인간 (all-round man)이자 완벽한 인물(complete man)이며, 그리고 선량한 사람(good man)이라서 그의 작품의 모델로서 사용하였다"고 밝혔다. 율리시즈는 텔레마코스(Telemachus)의 아버지이며, 페넬로페(Penelope)의 남편이며, 요정 칼립소(Calypso)의 연인이며, 트로이를 함락시킨 희랍의 영웅이자, 이타카(Ithaca)의 왕이다.『오디세이』에서 볼 수 있듯이 트로이 전쟁 후 귀향하는 과정에서 10년 동안의 긴 방랑과 모험을 겪는 율리시즈는 용기와 지혜를 겸비한 영웅이다.

리오폴드 블룸은 제임스 조이스가 그린 현대판 율리시즈이다. 그의 여정은 몇 시간에 걸친 더블린 시내에 국한되지만 그의 의식(意識)의 여정은 종횡무진으로 펼쳐져 인간 의식의 파노라마를 연출한다. 그의 의식은 현실 세계에서 억압된 갈등이 심리적 반작용으로 표출되어 여러 가지 변태성을 보이는데, 이것은 현대인의 의식의 단면을 보여주는 것이기도 하다.

조이스가 한 사람의 평범한 현대인인 블룸에게 율리시즈의 역할을 맡긴 것은 조이스적인 아이러니가 아닐 수 없다. 작품에서 블룸은 율리시즈, 신(God), 그리스도, 모세(Moses), 방황하는 유태인(the Wandering Jew), 엘리야(Elijah) 등과 유사한 이미지를 보이고 있다. 그는 조이스가 그리는 현대판 영웅으로, 현대적 만인(萬人; Everyman)의 모습을 보여준다. 블룸이 율리시즈처럼 'a complete man'이 되기 위해서는 수많은 정신적 고뇌와 갈등의 긴 여정을 거친다.

블룸은 가장으로서, 아버지로서, 또한 자식으로서, 광고 외무

원이라는 평범한 직업을 가진 사회의 일원으로서 현대의 한 도시 더블린에서 살아가고 있다. 그는 유태인의 후손으로서 소외당하고, 오쟁이진 남편으로서 극심한 심리적 갈등을 겪으며, 이로 인해 갖가지 성적(性的)인 변태 현상을 보인다. 하지만 갖가지 고난에도 불구하고 그는 결코 인간미를 잃지 않는다. 블룸은 현대인간이 가지고 있는 복합적인 모습을 보여줌으로써 우리와 공감대를 형성한다.

 블룸이라는 인물을 전통적 윤리관에서 본다면 선인(善人)과는 거리가 멀다. 그러나 그는 이 작품에 등장하는 수많은 인물들 중에서 보다 인간적이며, 극단에 치우치지 않고 중용과 사랑의 태도를 잃지 않는다. 이러한 태도를 유지하기 때문에 그가 '현대적 영웅'(modern hero)이 되는 것이다. 따라서 블룸은 스티븐과 몰리가 보여주는 양극단의 세계를 조화로 이끌어 가는 역할을 한다.

 조이스가 현대인의 표본으로 삼고 있는 블룸의 세계를 그의 현실과 환상, 그리고 환상을 통한 정화(淨化)의 과정으로 나누어서 살펴보고자 한다.

 1) 리오폴드 블룸의 현실

 『율리시즈』에서 블룸이 처음 등장하는 것은 제2부의 시작인 「칼립소」에서이다. 희랍신화의 율리시즈가 요정 칼립소의 포로가 되어 있듯이 블룸은 그의 집 이클레스가(Eccles 街) 7번지에서 그의 아내 몰리의 포로가 되어 있다.

 아침 8시 스티븐이 마아텔로 탑에서 아침 식사를 하는 것과 같은 시각에 블룸도 아침 식사를 마련한다. 그는 먼저 침대에 누워 있는 몰리에게 음식을 가져다준다. 여기서 가장(家長)으로서 권위를 상실한 블룸의 모습을 처음 보게 된다.

휴 케너(Hugh Kenner)의 지적대로 Leopold 블룸이라는 이름은 Lion + Flower를 상징한다. 즉 동물의 왕(Leo)이 식물과 같은 존재로 살아간다는 뜻이 내포되어 있다. 몰리가 남편인 그를 "Poldy"라고 부르는데, 이것은 Leo + Polled의 뜻이 되어 뿌리 없는, 즉 거세된 남자의 인상을 주는 이름이다. 그의 이름은 야만성과 강한 정력을 상징하는 블레이지즈 보일런(Blazes Boylan)[30]과 대조를 이룬다. 블룸은 자기가 먹을 아침 식사용으로 들루가쯔(Dlugacz) 상점에 가서 오줌 냄새가 나는 돼지 콩팥을 사 가지고 온다. 블룸이 제일 좋아하는 음식이다. 콩팥은 오줌과 함께 『율리시즈』에서 다산(多産)의 상징으로서, 콩팥을 먹는 행위는 유태인의 율법 상 신에 대한 거역 행위로 해석된다. 그의 육체는 "생식의 씨앗으로 충만하고" 있지만 아내의 육체를 거부하고 대신 죽은 고기인 돼지 콩팥을 즐긴다.

블룸의 이야기는 이처럼 부정적으로 시작된다. 그는 텔레마코스도 없고 페넬로페와도 유리(遊離)된 율리시즈이다. 블룸의 성의 거부는 아들의 죽음으로 인한 정신적 충격에 그 원인이 있다. 블룸은 외아들 루디(Rudy)가 태어난 지 11일 만에 죽은 이후로 10년 넘게 부부 관계를 갖지 못했다.[31] 자식을 상실한 충격이 정신적 외상(trauma)이 되어 또 그런 일이 일어나지 않

---

30) 이 이름이 갖는 의미는 '지옥의 불'(Hellfire)이다.
31) 이 기간은 율리시즈의 방랑 기간과 상응한다.

을까 하는 두려움이 의식 속에 잠재되어 있기 때문이다. 이것은 몰리의 부정(不貞)에 대한 원인 제공을 함으로써 그에게는 이중고가 된다.

이러한 블룸의 현실은 부부 관계의 단절, 사회적 고립, 성적 이상심리, 환각 등 더욱 심각한 상태로 발전한다. 그의 성(性)의 거부가 자초하는 최악의 결과는 이날 오후 4시 아내의 간통 행위이다. 이로 인해 그는 극심한 심리적 혼란을 겪으며, 환상의 장(章)인 「키르케」에서 그 극단적인 상황을 볼 수 있다.

이날 아침 블룸은 현관에서 두 통의 편지가 와 있는 것을 발견한다. 한 통은 딸 밀리(Milly)에게서 온 것이고 또 한 통은 몰리의 정부(情夫) 블레이지즈 보일런에게서 온 것이다. 그는 몰리에게 온 편지를 침대에 누워 있는 그녀에게 가져다준다. 몰리는 겉봉을 흘깃 보고는 베개 밑에 그 편지를 감춘다. 블룸은 보일런과 그녀와의 밀통(密通)을 눈치채게 된다. 이때부터 블룸은 여러 가지 이상심리를 나타내게 된다. 그의 의식은 하루 종일 현실과 환상 사이에서 교차되고 있는데, 환상은 분열된 자아의 도피처이다. 몰리와 보일런이 생명력(life force)을 가진 인물이라면 블룸은 성을 기피하고 식물처럼 살아가는 상태가 된다.

들루가쯔 정육점에서 주문한 것을 기다리는 동안 그는 카운터에 있는 신문을 집어들고 읽는다. 거기에는 아젠다스 네타임(Agendath Netaim)이라는 식수회사(植樹會社)의 광고가 실려 있다. 이것은 이스라엘에 과수원을 조성한다는 어떤 독일 회사의 광고이다. 사막에 나무를 심고 물을 주어 풍성한 과일을 수확한다는 광고 내용은 비옥과 다산의 이미지를 풍겨 준다. 이는 풍만한 육체를 가진 몰리의 이미지와 결부된다. 아젠다스 네타임의 주소도 34번지로서 몰리의 나이와 암시적으로 연관된다. 그러나 정신적으로 좌절감에 빠져 있는 블룸은 이 광고(한편으로는 몰리)에 대하여 "해봐도 소용없는 일이야"(Nothing doing)라고 말함으로써 무관심한 태도를 보인다. 그의 이러한 태도는 성구(聖句)에서 "자식을 낳고 번성하라"(increase and multiply)는 말에 거역하는 행위로 해석된다. 즉 다산에 대한 거역 행위로서 몰리와의 관계를 피하는 것을 상징적으로 나타낸다.

더블린 거리에는 살수차(watering cart)가 물을 뿌리고 지나간다. 이것으로 미루어 보아 이 작품의 시간 배경이 되는 1904년 6월 16일의 더블린은 가뭄의 상태에 있음을 알 수 있다. 이것은 황무지의 이미지를 부각시켜 물을 통한 비옥의 필요성을 시사한다. 이때 한 조각의 구름이 태양을 천천히, 그리고 완전히 가리기 시작한다.[32] 구름은 블룸의 마음을 어둡게 하여 그의 아젠다스 네다임의 광고에 대한 생각은 황무지, 성서의 악(惡)의 도시로 이어져 불모, 황무지, 죽음, 폐허와 관련된 생각들이 그의 의식을 지배하기 시작한다.

    아니, 그렇지 않아. 황무지, 헐벗은 황야. 화산호(火山湖), 사해(死海) —— 물고기도 없고, 수초(水草)도 없고, 땅속이 깊이 패인 채 (……) 황야의 도시들 —— 소돔, 고모라, 에돔. 모두 죽은 이름들이

---

[32] 아침 8시 스티븐 역시 해변에서 이 구름을 바라본다. 이것은 두 주인공의 만남을 상징적으로 예고한다. 이 구름은 점점 더 짙어져 밤 10시경 소나기를 내린다. 비는 비옥의 상징이다.

지. 사지(死地) 속의 사해(死海), 회색으로 칙칙한. 지금은 아득한 옛날. 그것은 가장 오래된, 최초의 종족을 낳았다 (……) 가장 오래된 민족. 지구상의 모든 곳을 여기저기 떠돌아다녔지, 포로에서 포로로, 번식하고, 죽어 가면서, 어디서나 태어나면서. 그것은 지금도 거기에 있다. 이제는 아무것도 자랄 수 없지. 죽은 거야 — 늙은 여인의 그 부분처럼 — 회색으로 움푹 패인 세계의 음부(陰部). 황폐.

—U. 50—

'약속의 땅'(Promised Land)을 보장하는 아젠다스 네타임은 블룸의 의식 속에서 '황무지'(Waste Land)가 되고 있다. 그는 조국을 잃고 헤매는 유태인들을 자신과 동일시한다. 블룸의 의식 속에 떠오르는 황무지는 그의 부부 관계의 단절, 즉 생식의 단절을 암시한다고 볼 수 있다. 황무지를 비옥하게 하는 것은 블룸 부부의 육체적 재결합을 상징하는 것으로서, 이것이 그들이 풀어야 하는 숙제이다.

블룸은 몰리의 부정(不貞)을 알고서도 이를 가로막지 못하며, 보일런에 대해서도 "더블린에서 가장 나쁜 남자"(Worst man in Dublin)라고 생각할 뿐 아무런 대책이 없다. 이 일로 인해 그에게는 정신적 고뇌와 방황만 있을 뿐이다.

그의 억압된 심리는 여러 가지의 변태 행위로 그 보상을 찾으려 한다. 들루가쯔 정육점에서 주문한 것을 기다리는 동안 카운터 앞에 서 있는 어느 하녀의 엉덩이를 살피다가 하녀가 물건을 산 후 밖으로 나가자 블룸은 그녀의 엉덩이가 흔들거리는 모습을 즐기고 싶어 그녀를 뒤따른다. 그는 그녀가 빨랫줄에 카펫을 걸어 놓고 털 때 그녀의 엉덩이가 흔들거리던 장면을 이미 목격한 바 있다. 블룸의 관음증(觀淫症)이 처음 노출되는 대목이다.

  블룸은 외출 준비를 한다.[33] 그는 모자를 집어들고 모자 내부의 가죽 테에 꽂아 둔 편지가 그대로 있는지 확인한다. 이 편지는 그가 비밀리에 펜팔을 하고 있는 여성인 마아사 클리포드(Martha Clifford)에게서 온 것이다. 또 그는 호주머니를 뒤져보고 그가 항상 지니고 다니는 감자가 잘 간수되어 있는지 확인한다.[34] 그는 대문 열쇠를 집안에 두고 나온 사실을 알게 되지만 열쇠를 가지러 되돌아가면 아내를 성가시게 할 것이라는 생각에 열쇠를 포기한다. 따라서 우리는 스티븐과 더불어 두 사람의 "열쇠 없는 주인공"(keyless hero)을 보게 된다. 열쇠를 두고 온 행위는 보일런과 같은 찬탈자들이 침입할 수 있는 소지를 준 셈이 된다.

  「로터스-이터즈」(Lotus-Eaters)에서는 블룸이 현실에서 도피하려는 심리가 다양하게 표출된다. 그에게 현실은 괴로운 것이다. 외아들의 죽음, 상실된 가정의 권위, **부부** 관계의 단절, 아내의 부정(不貞), 유태인인 그를 적대시하는 더블린 사회 등 모든 것이 고통스럽다. 그가 추구하는 환상의 세계는 이 모든 현실로부터 도피하려는 그의 잠재의식의 표출로 볼 수 있다. 블룸이 가정을 떠나 방황하는 것은 역시 가정을 버리고 방황하는 스티

---

[33] 이것은 율리시즈가 모험과 방랑의 길을 시작하는 것과 상응한다.
[34] 블룸이 늘 가지고 다니는 감자는 일종의 부적이다. 감자는 뿌리인 동시에 씨로서 남근과 관계가 있다. 「키르케」에서 블룸이 빼앗긴 감자를 돌려받자 그는 남성을 회복한다.

븐과 같은 처지임을 보여준다. 블룸의 방황은 유태인의 방황이 자 고독한 현대인의 방황이다.

 오전 10시 블룸은 집을 떠나 더블린 시내로 방황을 시작한다. 그의 행로는 우회적인데 이것은 따돌림을 받고 있는 사람으로서의 심리를 반영한다. 그의 첫 행선지는 우체국이다. 우체국에 들러 마아사 클리포드 양에게서 온 편지를 찾는다. 몰리에게 보일런이라는 정부(bedpal)가 있는 반면, 블룸에게는 마아사라는 펜팔(penpal)35)이 있다. 그는 헨리 플라워(Henry Flower)라는 가명으로 이 여자와 펜팔을 하고 있다. 블룸의 이름이 폴디(Poldy)와 헨리 플라워(Henry Flower)로 교체되는 것은 성적 억압으로 인해 그가 겪고 있는 자아 분열의 상태를 말해 준다. 율리시즈의 부하들이 망우수(忘憂樹; Lotus)를 먹고 환각에 빠지듯이 블룸 또한 변태적 행위를 통하여 위안을 찾으려고 하는 로터스 이이터(Lotus-Eater)에 해당한다. 그의 가명 플라워(Flower)는 남성의 힘을 상실한, 즉 "Poldy"가 된 Leopold Bloom인 것이다. 마아사는 그를 만나고 싶어하지만, 그는 단지 상상 속에서 위안을 찾을 뿐 실제의 만남은 없다. 부부 관계를 회피하고 마아사와 비밀리에 편지를 교환하는 것은 환상 속에서 성적 욕구를 보상하려는 행위로서 하나의 불모의 상징이다.

 목욕탕으로 가는 도중 맵시 있게 옷을 입고, 자태가 훌륭한 어느 귀부인이 그의 눈길을 끈다. 그는 그 여인의 손, 머리카락, 피부, 굽 높은 구두, 발목의 곡선, 각선미 등 구석구석을 살

---

35) 이 여자는 보일런의 비서 던 양(Miss Dunne)일 가능성이 높다.

편다. 이때 지나가는 전차가 그 여인의 모습을 막아 버린다. 현실은 그런 것이다. 성적으로 좌절된 블룸의 변태 행위, 즉 관음증(觀淫症)이 다시 나타나는 대목이다. 이러한 관음증으로 인해 환상의 세계인 「키르케」에서 블룸은 더블린 상류층 부인들로부터 가혹한 비난을 받게 된다.

  블룸은 걷는 동안 욕조 안에 잠겨 있는 자신의 몸을 성배에 담긴 성체, 또는 자궁에 든 태아의 모습으로 상상해 봄으로써 자궁 선망(womb envy) 현상을 보이기도 하며, 욕조 안에서 수음을 할 생각도 해본다. 그는 욕조에 잠긴 자신의 성기를 보고 "떠 있는 꽃"(a floating flower)이라고 한다. 이러한 것들은 자아 도취(narcissism)와 로터스 이이터(Lotus-Eater)의 경향이 포함된 것으로, 현실에서 오는 성적·심리적 억압이 변형되어 나타나는 현상이다. 이것은 아들 없는 아버지(sonless father), 열쇠가 없는 아버지(keyless father : key는 권위를 상징한다), 오쟁이진 남편(cuckold)인 그가 남성으로서의 자아를 지키려고 무의식적인 노력을 하는 것으로 설명할 수 있다.

  「하데스」(Hades)에서는 그의 친구 디그넘(Dignam)의 장례식에 참석하기 위해 마차를 타고 가는 블룸의 모습이 나타난다. 동승자들은 더블린 시내를 지나가면서 갖가지 얘기를 나누지만 블룸은 이들의 관심밖에 있다. 도중에 이들은 한 유태인 고리대금업자를 보자 경멸의 시선을 보내는데, 곁에 타고 있는 블룸 역시 유태인임을 넌지시 비치는 것이다. 여기서 유태인을 적대시하는 더블린 사람들 속에서 소외 의식을 느끼는 블룸의 모습을 볼 수 있다. 유태인으로서 블룸이 당하는 수모는 「키클롭스」(Cyclops)에서 '시민'(citizen)과의 논쟁에서 공공연히 나타나게 된다.

블룸의 의식은 여전히 오늘 오후에 있게 될 보일런과 몰리의 밀통에 쏠려 있다. 때마침 보일런이 지나가자 블룸의 반응은 매우 처절하다. 그는 내면에 억압된 감정이 폭발하려는 것을 억누른다. 또한 시선을 보일런에게 보내지 않고 대신 초조하게 그의 손톱을 살핀다. 이것은 예수처럼 십자가에 못 박히는 모습을 패러디한 것으로 볼 수 있다.

마차 위에서 죽음에 관한 이야기가 오고 간다. 파우어(Mr Power) 씨는 디그넘의 갑작스런 죽음을 애석해 하지만, 고뇌에 찬 블룸은 "갑자기 죽는 것이 최상의 죽음"(sudden death....The best death)이라고 말한다. 그러자 그의 의견은 단번에 묵살되어 버린다. 자살과 죽음에 관한 화제는 블룸의 의식을 그의 아버지 루돌프(Rudolph)에게로 흘러가게 한다. 아버지의 자살과 아들의 죽음에 대한 생각이 블룸에게 더욱 뼈저린 상처로 다가오면서 불모의 삶에 대한 의식이 더 깊어진다.

묘지에서 블룸은 장의사 오코넬(O'Conell)이 여러 개의 열쇠를 차고 다니는 모습을 보게 된다. 그는 아침에 집의 문 열쇠를 포기하고 나왔다. 열쇠는 소유 또는 권위를 상징하는 것으로서 『율리시즈』 전반에 걸쳐 반복되는 이미지이다.

글레스네빈(Glesnevin) 공동묘지 안에 있는 올 홀로우(All Hollow) 성당에서 디그넘의 영면을 위한 종교의식이 펼쳐진다. 블룸은 그 의식(儀式)도, 신부의 말도 이해하지 못한다. 가톨릭이 지배하는 더블린 사회에서 그는 사회적으로, 종교적으로 고립되어 있다.

주위 사람들로부터 항상 냉대를 받는 블룸은 그럴 때마다 공상의 세계에서, 풍성한 과일이 열리는 동방 세계나 따뜻한 육체의 세계를 희구하는 반응을 보인다. 이것은 멜론으로 상징되는 육체의 세계인 몰리에게로 돌아가려는 잠재의식의 표출이다. 『더블린 사람들』에서 볼 수 있듯이 동방 지향적 이미지는 블룸이 마비의 현실에서 도피하려는 것을 상징한다. 그러나 그것은 환상 속에서 추구되는 것이기 때문에 곧 좌절되고 만다. 지금까지 블룸의 여행은 비옥과 다산의 상징인 가정에서 무덤으로의 여행이었다.

「아이올로스」(Aeolus)에서 블룸은 키즈(Keyes) 상점의 광고 도안 청탁을 받고 신문사(Freeman's Journal)를 방문한다. 그는 원형 안에 두 개의 열쇠를 교차시킨 모양의 도안을 만들 계획을 한다. 이것은 열쇠를 갖지 않은 두 주인공 블룸과 스티븐의 극적인 만남을 예고하는 또 하나의 상징이다. 문을 여는 도구인 열쇠는 고립과 소외를 종식시키는 매체이다. 따라서 블룸이 광고 도안을 찾는 데 성공하는 것은 그가 고립의 상태에서 벗어나고 남편으로서 권위를 회복하여 그의 목적지인 가정으로 돌아가게 될 것임을 암시한다.

신문사에서 나온 블룸이 손수건으로 코를 닦는 순간, 그의 호주머니에 넣어 둔 비누에서 레몬 냄새가 풍긴다. 이 냄새를 맡자 몰리가 머리에 떠올라 그는 집으로 돌아갈 생각을 해 본다. 무언가 잊어버리고 왔다고 핑계를 대면 되는 것이다. 그리고 보일런을 맞이하기 이전의 몰리의 모습을 보는 것은 고통이지만 한편으로 일종의 쾌감을 맛볼 수 있는 기회라고 그는 생각한다.

그는 이날 간통을 저지하기 위하여 세 차례나 집으로 가 볼까 하고 생각해 보지만, 결국 그는 일이 되는대로 내버려둔다. 유태인인 블룸은 운명적인 관점을 지니고 있다. 그는 흐르는 강물을 거꾸로 흐르게 할 수 없듯이 운명은 거역할 수 없으며, 아내의 행위도 막을 수 없는 운명적인 것으로 생각한다. 유태인으로서의 민족적인 염세주의가 그의 의식에 뿌리깊게 자리잡고 있다. 그는 거리에서 그의 옆을 지나가는 사람들에게 항상 길을 비켜 준다. 광고 주문을 받고 이를 위해 신문사를 방문할 때도 블룸에게 관심을 보이는 사람은 아무도 없다.

블룸이 아내의 간통을 묵과하는 것은 그 상대인 남자와 간접적인 동료 의식을 느낌으로써 그가 겪는 사회적 고립을 피하려는 저의가 숨겨져 있다고 프랭크 버젼(Frank Budgen)은 해석한다.36) 또한 블룸은 몰리의 사진을 항상 갖고 다니는데, 그것은 누구에게라도 그 사진을 보여줌으로써 상대방과 유대감을 가져 보려는 의도에서이다. 몰리의 육체는 블룸에게 자존심을 갖게 해주는 것이다. 「에우마이오스」(Eumaeus)에서 그가 이 사진을 스티븐에게 보여주면서 자기 집으로 같이 가자고 하는 것도 같은 이유에서이다. 「키르케」에서 그는 몰리를 "모든 강한 남근을 가진 남성"(all strong-membered males)에게 제공하려 한다.

---

36) Frank Budgen, *James Joyce and the Making of "Ulysses"*(Bloomington : Indiana University Press, 1960), p. 146.

블룸이 키즈 상점에 전화를 걸려고 ≪이브닝 텔레그래프≫ (Evening Telegraph) 지(紙)의 사무실에 들어갔을 때, 이날 있게 될 경마(Ascot Gold Cup Race)에 대한 얘기가 나온다. 이 대목은 "이기는 말 알아맞히기"(SPOT THE WINNER)라고 표제를 붙여 묘사되고 있다. 이 경마의 우승컵은 상징적 의미가 있다. 이 컵은 여성의 상징으로서, 레네헌(Lenehan)과 보일런은 강력한 남근의 이미지와 결부된 셉터(Sceptre)호에게 돈을 건다. 그러나 이 말이 우승컵을 차지하지 못한다. 대신 무시당하던 다크 호스인 쓰로우어웨이(Throwaway)호가 결국 승리를 차지한다. 블룸 역시 다크 호스로서 결국은 승리자가 된다. 블룸이 밖으로 나오자 신문팔이 소년들이 그를 놀리면서 뒤따라 다닌다.

≪이브닝 텔레그래프≫ 지의 편집장인 마일즈 크로포드(Myles Crawford)가 책상 서랍을 정리하는 동안 움직일 때마다 몸에 차고 있는 열쇠들이 짤랑짤랑(jingle) 소리를 낸다. 이것은 몰리의 침대가 흔들릴 때 나는 소리와 같은 것으로 다가올 그녀와 보일런과의 정사를 예상하게 해주며, 동시에 열쇠가 없는 블룸의 처지와 대조를 이룬다.

「아이올로스」 끝 부분에서 더블린 시내를 내려다보기 위해 넬슨(Nelson) 기념탑을 오르는 두 노파의 이야기를 스티븐을 통하여 들을 수 있다. 두 노파는 기념탑 꼭대기에 오르지만 현기증이 나서 구경도 못하고, "외팔의 간통자"37)를 보면서 성적

---

37) 트라팔가(Trafalgar) 해전에서 승리한 영국의 제독 Horatio Nelson을 가리킴. 그는 세인트 빈센트 해전에서 오른팔을 잃음. 1798년 나폴리 주재 영국 공사인 해밀턴 경(Sir Hamilton)의 아내와 간통을 범해 기소됨.

쾌감을 맛보려던 기대는 좌절된다. 대신 두 노파는 탑 위에서 자두(plum)를 꺼내 먹으면서 그 씨를 탑 아래로 뱉는다는 이야기이다. 노파들이 뱉어 낸 자두 씨는 더블린의 포도(鋪道)에 떨어짐으로써 그 생명력을 잃는다. 넬슨 기념탑과 자두는 남근의 상징이다. 스티븐이 이 이야기의 제목을 "피즈가 산(山)에서의 팔레스타인 조망"(A Pisgah Sight of Palestine), 또는 "자두의 우화"(The Parable of the Plum)라고 붙인다. 전자는 성서의 「출애굽기」에서 하나님이 모세에게 보여준 조망인데 모세는 약속의 땅에 들어가지 못함으로써 꿈이 좌절된다. 모세의 실현성 없는 비전은 두 노파의 좌절과 연관되며, 나아가서 몰리가 있는 가정으로 돌아가지 못하고 있는 블룸의 처지와 상통한다.

「레스트리고니언즈」(Lestrygonians)에서 블룸은 리피(Liffey) 강의 다리를 건넌다. 그는 언제나 변함없이 흐르는 강물을 바라보면서 인생의 흐름도 이와 같은 것이라 생각한다. 물은 블룸의 관용적 태도를 나타내는 이미지로 쓰인다.

블룸의 의식은 종횡무진으로 펼쳐진다. 그는 공중변소에 성병 치료에 대한 광고를 붙이곤 했던 어느 돌팔이 의사를 떠올리게 된다. 이 순간 그의 생각은 보일런에게로 급선회한다. 혹시 보일런이 아내에게 성병을 옮기거나 성욕 자극제를 사용하지 않을까 하는 두려움에 사로잡힌다.

블룸은 몰리와 결혼하기 이전에 그의 연인이었던 브린 부인(Mrs Breen)을 만나 지금 정신이상이 된 그녀의 남편의 근황을 묻는다. 그리고 그녀와의 과거의 일들을 잠시 생각하게 된다. 이어서 그의 의식은 한때 그가 희롱했던 한 여자에게로 흘러간다. 그는 이 여자의 헌 외투와 검정색 내의를 돈을 주고 산 적이 있다. 이는 성도착(性倒錯)의 일종인 복장 도착(transvestism : 이성의 옷을 입고 싶어하는 경향)으로 블룸의 또 다른 변태심리를 보여주고 있다.

짙은 구름이 태양을 가리기 시작하여 트리니티(Trinity) 대학의 정면에 그림자를 짓는다. 'Trinity'는 여기서 블룸(靈的인 父), 스티븐(靈的인 子), 그리고 몰리를 상징한다. sun과 son은 작가 조이스가 이 작품에서 흔히 사용하는 동음이의어의 익살(pun)의 기법이다. 구름이 태양(sun, son, 또는 스티븐)을 가리는 것은 영적인 아들을 갈구하는 블룸에게 절망을 주는 상징으로서, 이때 그의 입가에서 미소가 사라지고 그의 의식도 어둠에 싸인다. 전차가 오고 가고 사람들이 부산히 움직이는 거리의 광경을 보면서 삶과 죽음, 문명의 성쇠 등으로 그의 의식이 표류한다. 그는 결국 "누구든 별 볼일 없는 존재야"(No-one is anything)라는 부정적 결론을 내린다.

블룸이 28세, 그리고 몰리가 23세이던 해부터 블룸은 "루디가 죽은 이후 이젠 그게 싫어졌어"(Could never like it again after Rudy) 하면서 완전히 부부 관계를 끊었다. 그는 이러한 현실 속에서 상실된 자아에 대해 고뇌하면서 이따금 행복했던 과거를 회상하기도 한다.

「레스트리고니언즈」는 식인(食人; cannibalism)의 이미지로 가득 찬 에피소드이다. 모든 이미지가 먹는 일과 관련되어 있다. 식당에서 먹는 일에 열중하고 있는 사람들의 모습은 블룸에게 생존을 위한 동물의 세계를 연상시키게 한다. 이때에도 그는 생존의 세계에서 나약한 존재인 자신을 의식한다.

점심 식사를 하기 위해 데이비 번즈(Davy Byrne's) 식당에 들어간 그는 무엇을 주문할까 궁리하다가 통조림 고기를 생각하게 되자 그의 의식은 플럼트리 회사의 항아리 통조림 고기(Plumtree's Potted Meat) 광고로 흘러간다. Plumtree와 Meat는 남근을, Pot는 그것을 받아들이는 여성의 상징으로 성적으로 좌절된 블룸의 의식 속을 빈번히 드나든다. 몰리와의 정상적인 부부 관계를 이루지 못하는 블룸의 가정은, 광고의 문구대로 Plumtree Potted Meat가 없는 "불완전한"(Incomplete) 한 가정이다. 이어서 어떤 식인종이 정력을 보강하기 위하여 남근을 먹어 치운 얘기가 그의 머리에 떠오른다. 남편으로서 구실을 못하는 콤플렉스가 여기저기서 나타나고 있다. 「키클롭스」(Cyclops)에서 교수형을 당한 사람의 이야기가 나오는데, 목이 조여질 때 오르가슴(orgasm)을 느낀다는 이야기, 그리고 「키르케」에서 성 전문가인 멀리건이 블룸에게 "고도의 생식 불능자"라는 진단을 내리는 장면 등은 모두 블룸의 성불능과 관련된 이미지들이다.

식당에서 블룸은 건달인 노우지 플린(Nosey Flynn)과 인사를 나누게 된다. 그도 한때 몰리의 연인이었다. 플린은 몰리의 안부를 묻고 보일런과의 연주회 계획 따위를 묻는다. 블룸의 의식은 다시 오늘 오후 4시에 있을 보일런과 아내의 밀통으로 흐른다.

음식과 포도주로 원기를 회복한 그는 유리창에 달라붙어 교미하고 있는 파리를 보게 된다. 자줏빛 포도주, 파리의 교미는 몰리와 달콤한 사랑을 나누던 호우드(Howth) 언덕38)에 펼쳐진

자줏빛 바다를 회상하게 한다. 과거와 현재가 그의 의식 속에서 엇갈린다.

　　향수로 차고 부드러워진 그녀의 손이 나를 어루만지며, 애무했다: 내게 쏟은 그녀의 눈길을 다른 데로 돌릴 줄 몰랐지. 나는 황홀하여 그녀 위에 덮쳐 누웠지. 흐뭇하게 벌린 풍만한 입술, 그녀의 입에 키스했다. 냠. 따뜻하고 씹은 시드케이크를 그녀는 나의 입에다 살며시 밀어 넣어 주었지.

　　　　　　　　　　　　　　　　　　　—U. 144—

　호우드 언덕은 과거에 그와 몰리의 파라다이스였던 것이다. 블룸은 현실에서 고뇌를 느낄 때마다 호우드 언덕을 회상하며 위안을 찾는다. 파리의 교미는 다가올 몰리와 보일런의 정사 장면과 어우러져 블룸은 다시 비통한 생각에 잠긴다. 이럴 때 그는 그 보상으로 변태적인 성적 대상을 찾는다. 데이비 번즈 식당의 카운터에 눈길이 닿자 그것의 굴곡진 모양을 응시하던 그는 도서관 박물관에 있는 나체의 여신상의 곡신미를 생각하게 되고, 그것을 보며 즐기러 가야겠다고 마음먹는다. 또한 그는 여신들은 음부가 있는지 없는지 궁금해지고, 가면 한번 눈여겨보아야겠다고 생각한다. 이것은 조각상에 성적 매력을 느끼는 일종의 성욕 도착으로 피그말리오니즘(Pygmalionism)에 해당한다.

　한편 블룸은 눈먼 소년을 보자 측은한 생각이 들어 그를 데

---

38) 더블린 북동쪽 끝에서 더블린 만 쪽으로 뻗어 있는 반도형 언덕.

리고 길을 건네준다. 그는 자신의 행위가 생색을 내기 위한 것이 되지 않도록 마음속으로 애를 쓴다. 여기서 블룸은 사마리탄(Samaritan)적인 자비로운 모습을 보여주고 있다.

킬데어(Kildare)가(街)에 당도한 블룸은 한껏 멋을 부리고 지나가는 보일런의 모습을 보게 된다. 표류하던 그의 의식이 일순간에 정지하고, 충격을 받는 그의 모습은 처절하다. 그러나 그는 보일런과 맞서지 않고, 오히려 보일런이 자기를 보지 않았나 두려워한다. 블룸은 석상(石像)이 있는 박물관으로 몸을 피한 다음 아젠다스 네타임(Agendath Netaim) 광고를 꺼내 읽는다. 그리고는 호주머니를 뒤져 허겁지겁 무엇을 찾는다. 호주머니에 든 감자를 만지고, 뒷주머니에서 비누를 찾아내고는 안심한다. 감자와 비누(아내가 사 오도록 부탁한 비누)는 위급한 상황에 처했을 때 그가 의지하는 부적이다.

블룸이 보일런을 추적하는 것을 포기하고 아젠다스 네타임(몰리를 상징한다)과 부적에 의지하여 일시적인 평정을 찾는 것은 그가 결국 몰리에게 돌아갈 것임을 암시한다. 왜냐하면 현재의 몰리는 요정 사이렌(Siren)에 해당하는 사람이고, 블룸이 그녀와 보일런과의 관계를 파고들고 싶은 충동은 사이렌의 유혹에 해당되기 때문이다. 만약 블룸이 이때 보일런을 추적하여 간통의 현장에 나타났더라면 이 삼자는 모두 파멸을 맞이하고 블룸은 몰리를 잃게 되었을지도 모른다.

「스킬라와 카리브디스」(Scylla and Carybdis)에서 더블린 시내를 방황하던 스티븐과 블룸은 최초로 접근하게 된다. 블룸은 광고 도안에 관한 자료를 찾기 위하여 국립도서관을 방문한다. 블룸이 도서관에서 나올 때 밖에 서 있는 스티븐을 스쳐 지나가게 된다. 이것은 블룸이 열쇠 광고 도안(원형에 두 개의 열쇠를 교차시킨 그림)을 얻게 된 후의 일로서 열쇠를 가지고 있지 않은 두 주인공의 영적(靈的) 결합이 가까워지고 있음을 시사한다.

스티븐은 이 도서관에서 몇몇 문인들과 햄릿에 관한 토론을 벌인다. 멀리건은 무언의 광대극 하나를 고안해서 제목과 등장인물을 읽으며 허세를 부린다. 수음을 주제로 한 이 외설적인 내용의 제목은 "각자는 자기 자신의 아내 또는 손의 밀월여행"(Everyman His Own Wife or A Honeymoon in the Hand)이다. 이것은 오쟁이진 남편 블룸의 처지와, 그의 수음[39] 등을 넌지시 예시하는 것이다. 'Everyman' 역시 블룸을 암시하는 말이다.

스티븐이 호색적인 멀리건의 태도에 염오를 느끼고 그와 헤어지기 위하여 문간으로 나설 때 스티븐은 뒤에 누군가가 서 있는 것을 느끼고 옆으로 비켜선다. 멀리건은 도서관에 들어오는 블룸을 보고 "방황하는 유태인"(The wandering jew)이라고 스티븐에게 나직이 말힌다. '방황하는 유태인' 블룸은 스티븐을 눈여겨 바라보면서 지나간다. 「프로테우스」에서 예견된 이 두 사람의 접근이 여기서 실현되고 있다.

블룸이 스티븐과 멀리건 사이를 지나갈 때 스티븐은 어젯밤의 꿈을 회상한다. 그 꿈속에서는 사창가, 그에게 호의를 보여준 남자, 수박(melon), 그리고 펼쳐진 붉은 카펫 등이 보였다. 이 꿈은 오늘밤 사창가("Nighttown")에서 곤욕을 치르게 되는 스티

---

39) 「나우시카」(Nausicaa)에서 블룸은 수음을 함.

분을 블룸이 구해 주고 그의 집으로 데리고 가는 일의 전조가 된다. 스티븐이 꿈에서 본 수박(melon)은 몰리의 상징으로서 역시 이 두 사람의 만남을 예고한다.

제 10장 「배회하는 바위들」(Wandering Rocks)은 『율리시즈』의 전·후반 사이에 위치함으로써 일종의 막간 구실을 하고 있다. 여기서는 『율리시즈』에 나오는 많은 인물들이 재등장하여 이 작품의 하나의 축도가 되고 있다. 작가는 19개의 단편적(斷片的)인 장면을 통하여 오후의 더블린 시내를 배회하는 많은 사람들의 모습을 전지적 시점(全知的 視點)에서 동시에 보여주는 기법을 사용하고 있다. 『율리시즈』의 구조상 중간부에 해당하는 이 에피소드는 방황하는 블룸과 스티븐의 행적의 전환점이며, 여기에서부터 서로의 만남을 위한 접근이 본격적으로 시작된다.

「배회하는 바위들」 5번째 에피소드에서 몰리를 위해 선물을 사는 보일런의 모습이 나타난다. 그는 오후 4시에 그녀를 방문하게 되어 있지만 미리 몰리에게 선물을 보낸다. 보일런이 몰리와의 만남을 위해 일을 진행하는 동안 블룸은 책방에서 그녀를 만족시켜 줄 에로틱한 소설을 고르고 있다. 그가 고른 마조히즘(masochism)류의 소설인 『죄의 쾌락』(Sweets of Sin)은 부부와 아내의 정부(情夫) 간의 삼각 관계를 다룬 이야기로서 블룸 부부의 상황과 일치된다. 블룸은 몰리의 취향에 맞을 것이라고 생각하고 이 책을 산다. 이것은 그의 아내와 정부(情夫) 간의 정사가 곧 다가올 시점에서의 일이다.

「사이렌즈」(Sirens)에서는 자만심에 차 있는 보일런이 빠른 걸음으로 더블린 시내를 가로질러 블룸이 비워 놓은 몰리의 침대로 향하는 여행이 시작된다. 이것은 「하데스」에서 묘지로 향하는 블룸의 느린 여행과 대조를 이룬다. 「배회하는 바위들」은 작품의 전체 구성상 휴지(休止)에 해당하며 다음에 이어지는 에피소드가 「사이렌즈」이다. 여기에서 『율리시즈』의 두 번째 국면이 시작되며, 이전의 분위기나 문체 면에서 큰 변화를 보여준다.

「사이렌즈」는 일종의 둔주곡(fuga) 형태를 취하며 그 서곡은 블룸의 현재의 처지와 과거에 대한 향수가 얽혀 애처로운 분위기를 나타내고 있다. 그러나 서곡의 말미는 "Done"(끝)에서 "Begin"(시작)으로 끝난다. 이것은 블룸이 역경을 극복하고 사랑을 실천하는 과정의 시작이며, 또한 몰리의 최초의 부정어인 "Mn"이 그녀의 최후의 긍정어 "Yes"로 바뀌는 시발점이 된다. 이것은 블룸에 대한 몰리의 태도가 부정에서 긍정으로 바뀌어 가는 과정과 같은 것이다.

마아사에게 답장을 쓸 편지지와 봉투를 사기 위해 문방구에 들렀을 때 블룸은 다시 보일런의 마차를 목격한다. 이 마차에서 울리는 소리(jingles)는 몰리의 침대에서 나는 소리(jingle)와 같은 여운을 남긴다. 보일런이 술값을 치를 때 시계가 4시를 친다. 간통의 시각이 다가오고 있는 것이다. 오먼드 바(Ormond Bar)에서 보일런을 기다리고 있던 레네헌은 보일런이 나타나자 그를 "정복하는 영웅"(the conquering hero)이라고 하는 반면에 블룸은 "정복당하지 않은 영웅"(the unconquered hero)이라고 의미 있는 말을 한다. 이 말은 보일런이 몰리의 육체를 정복하긴 했어도 블룸이 최후의 승리자가 될 것임을 암시하는 말이다. 몰리의 침대로 향하는 보일런의 마차가 짤랑짤랑(jingles) 소리를 내며 부두를 따라 내려간다. 이 소리 역시 사이렌의 유혹이다. 블룸은 그 소리를 듣고만 있다.

외아들을 잃은 블룸은 영적(靈的)인 아들을 찾고 있으며, 아버지와 사이가 결렬된 스티븐은 영적인 아버지를 추구하게 된다. 주점에서 노래를 부르는 스티븐의 아버지 사이먼 디덜러스와 노래를 듣고 있는 블룸은 감정의 교류를 느껴 두 사람은 "Siopold"가 된다. 스티븐의 육체적 아버지 사이먼(Simon)과 정신적 아버지 리오폴드 블룸(Leopold Bloom)의 결합이다. "사이오폴드"(Siopold)는 블룸과 스티븐의 영적(靈的) 부자 관계를 상징하는 "블리븐"(Blephen)과 상응한다.

눈먼 소년은 오먼드 바아의 피아노 위에 놓고 간 소리굽쇠를 찾으러 되돌아온다. 이 소년이 제 것인 소리굽쇠를 찾으러 오는 행위는 블룸 역시 제 것인 몰리를 찾으러 집으로 돌아가야 함을 시사한다.

「키클롭스」(Cyclops)에서는 온화한 블룸의 모습과, 폭력적인 한 '시민'(citizen)의 모습이 대조를 이루고 있다. '시민'은 키클롭스처럼 애꾸눈이다. 이것은 그의 독선적인 견해(one-eyed view)를 상징한다. 그는 공격적이며 맹신적인 민족주의자이다. '시민'의 편협성, 과대망상, 폭력은 현대 사회의 일면을 반영한다.

『율리시즈』에서 블룸의 의식을 지배하는 말 중에 하나는 시차(視差; parallax)이다. 이 말은 하나의 사물을 어떤 각도에서 보느냐에 따라서 그 모양이 달라진다는 것을 의미한다. 블룸은 '시민'과 같은 외곬의 인간과는 대조적으로 모든 일의 양면을 바라보는((two-eyed view) 태도를 지니고 있다. 블룸의 독백에서 흔히 사용되는 말, 예를 들면 'but', 'all the same', 'on the other hand', 'look at it other way round', 등도 그의 이와 같은 복안적(復眼的) 태도를 반영한다. 이 장에 묘사된 "Heart as big as a lion"이나 "cod's eye", 즉 god's eye[40])는 모두 블룸의 관용과 넓은 시각을 암시한다.

'시민'이 바아니 키어넌(Barny Kiernan) 주점에서 블룸의 면전에 대고 하는 이야기는 넌지시 블룸의 현실을 꼬집는 이야기이다. 맹신적인 국수주의자인 '시민'은 아일랜드를 찬탈하는 영국인을 비난하고, 또한 유태인들에 대해서 독설을 퍼붓는다. 「네스트로」에서 본 디지(Deasy)와 비슷한 유형이다. 블룸은 박해로 가득 찬 역사, 민족간의 염오감을 영속시키고 있는 역사에 대해서 이야기한다. 블룸은 자기도 유태 종족의 한 사람이라고 말하고, 유태인을 학대하는 불의(不義)에 대해서 유순하게 항변한다. 존 와이즈(John Wyse)가 그에게 불의에 대해서 힘으로 대항하라고 하사, 블룸은 증오 대신 사랑을 주장한다.

힘이든, 증오든, 역사든, 그따위의 모든 것은. 남녀를 불문하고 산다는 건 그게 아니야, 모욕 그리고 증오. 그리고 모든 사람은 그것이 진정으로 산다는 것의 정반대라는 걸 알고 있지. (……) 사랑이야. 내가 뜻하는 것은 증오의 반대 얘기지.

― U. 273 ―

---

40) "...cod is a traditional icon of Christ." 〔Harry Blamires, *The New Bloomsday Book*(New York : Routledge, 1988), p. 156.〕

이 무렵 레네헌이 에스코트 경마(Ascot Gold Cup Race)에서 쓰로우어웨이(Throwaway)호가 승리하였다는 소식을 전한다. 인기 없는 말(outsider)이었던 쓰로우어웨이호는 다크 호스인 것이다. 이 말의 승리는 역시 아웃사이더인 블룸의 승리를 예고하는 상징적 역할을 한다. 「로터스-이이터즈」에서 밴텀 라이온즈(Bantam Lyons)가 블룸의 신문을 빌려 보려고 하자 블룸은 "신문을 막 버리려고 하던 참"(I was just going to throw it away)이라고 말한 것이었는데, 사람들은 그가 쓰로우어웨이호(號)에 돈을 건 것으로 오해하고 있다. 그래서 '시민'은 블룸을 보고 "양의 가죽을 쓴 여우"(a wolf in sheep's clothing)라고 폭언을 하면서 유태인을 비난한다. 그러자 블룸은 "멘델스존도, 칼 마르크스도, 스피노자도, 하느님도, 그리스도도 나처럼 유태인이었단 말이야" 하며 항변한다. 이 말에 '시민'은 블룸을 십자가에 못 박아 주겠다고 외쳐 댄다. 작가는 블룸을 예수의 이미지로 묘사하고 있다. 이어서 '시민'은 곁에 있던 비스킷 상자를 집어 블룸을 향해 힘껏 던진다. 이때 '시민'의 눈에 햇빛이 들어가 상자는 블룸을 맞히지 못하고 빗나간다.[41] 블룸이 커닝엄(Cunnigham)의 마차를 타고 시민에게서 도피하는 장면은 예수가 승천하는 이야기의 패러디로 묘사되고 있다. 문체 또한 성경의 형태를 취한다.

제 13 장 「나우시카」(Nausicaa)에서는 '시민'의 공격에서 도망쳐

---

41) 이것은 『오디세이』에서 「키클롭스」(Cyclops) 중의 하나인 폴리페무스(Polyphemus)의 눈을 불이 붙은 막대기로 찌르는 율리시즈(Ulysses)의 모습과 상응한다.

나온 블룸이 디그넘(Dignam) 부인을 문상(問喪)한 후, 황혼 무렵에 샌디마운트(Sandymount) 해변을 거닌다. 이곳은 「프로테우스」에서 스티븐이 아침에 산책을 하던 곳이다. 이 장(章)은 바이니키어넌 주점에서 보인 여러 가지 긴장과 갈등이 해소되는 장면이다. 장면은 소란한 주점에서 해변의 고요함 속으로 급변한다. 블룸은 현실의 고통을 달래 주는 은신처를 얻은 셈이다.

이 장(章)의 기법은 점층법(tumescene)과 점강법(detumescene)이 혼용되어 있다. 거어티의 노출증(exhibitionism)에 사로잡힌 블룸의 시선은 하향적이다. 감정의 묘사도 상승에서 하강으로 변화하며 배경의 색채도 밝은 색(scarlet, crimson, rose 등)에서 어두운 색(grey, off colour 등)으로 변화한다. 아일랜드 총독이 참석하고 있는 마이러스(Mirus) 자선시에서 불꽃놀이가 한창이다. 솟아오르는 불꽃, 박쥐의 비상(飛上), 해변에서 공놀이하는 아이들의 공 등은 모두 상승의 이미지로 소위 구상(球狀) 기법(ballistic technique)에 해당한다.

해변의 바위에 앉아서 자선시의 불꽃놀이(firework)를 바라보고 있는 거어티(Gerty)는 그녀의 드로어즈를 노출한다. 거어티 역시 남자 친구로부터 따돌림을 당한 여자로서 타인의 눈길을 끌기 위해 해변에 나와 있다. 약간의 거리를 두고 바위에 기대어 있는 블룸은 그녀의 노출된 부분을 보고 자위 행위를 한다. 이 행위는 몰리와 보일런의 간통과 맥을 같이한다. 마아사가 블룸의 언어적 성관계의 대상이라면 거어티는 시각적(視覺的) 성관계의 대상이다. 마이러스(Mirus) 자선시의 불꽃놀이와 블룸의 행위가 어우러진다("My fireworks. Up like a rocket, down like a stick"). 모든 것을 포용하는 장소인 해변에서 블룸은 성(性)의 형태로서는 가장 고립적인 형태인 자위 행위로써 위안을 찾는다. 또한 이것은 'Hellfire(보일런)'와 'Flower(블룸)'의 극단적인 대조이다. 이 무렵 보다 활기차고 만족스러운 교합이 블룸 자신의 집에서 벌어지고 있다는 사실을 생각할 때 그의 행위는 더욱 비통한 것이 된다.

성적(性的) 좌절, 아내의 부정(不貞)으로 자아의 분열을 겪고 있는 블룸은 변태적인 행위 ― 관음증(觀淫症), 마아사와의 비밀 서신 교환, 거어티와의 시각적(視覺的) 성행위 등 ― 로 성적(性的) 욕구를 충족시킨다.

자위 행위를 한 후 블룸의 의식은 다시 보일런과 몰리 그리고 마아사에 대한 생각 등으로 표류한다. 변태적 심리 현상을 보이는 블룸은 성적(性的)인 면에서 몰리의 가치를 생각해 보고 보일런이 그녀에게 돈을 지불할 것인지에 대해 생각해 보기도 한다. 그리고 그는 자기에게 남성(manhood)을 일깨워 준 거어티에게 고마움을 느끼고, "그건 어떤 식으로든 배설해야 하는 거야"(Still you have to get rid of it someway)라고 하면서 자신의 자위 행위를 정당화시킨다. 몰리 역시 성적 만족을 느끼게 해준 보일런에게 고마움을 느끼며 아무런 죄책감을 느끼지 않는다. 몰리의 죄가 간통이라면 블룸의 죄는 자기 기만(self-deception) 또는 도피주의(escapism)의 하나인 자위 행위(onanism)이다.

여기서 한 가지 주목할 것은 블룸의 행위는 그의 생식 기능이 온전하다는 것을 증명한다. 월경을 하는 몰리 역시 그렇다. 블룸은 성적(性的)으로 마비된 사람이 아니라 자식을 생산하지 않으려는 도착 상태에 빠져 있다. "자식을 낳아 번성하라"(Be fertile and multifly)는 것은 하느님이 유태인이나 기독교인들에게 똑같이 명하고 있는 말이다. 그러나 블룸은 "나는 따르지 않겠어"(I will not serve)라고 일축한다. 이것은 스티븐의 하느님에 대한 불복종의 말인 "Non serviam"과 일치한다. 블룸의 자위 행위는 다산(多産)에 대한 거역 행위, 그리고 율리시즈의 부하들이 성우(聖牛; Oxen of the Sun)를 살해하는 행위와 동일시된다.

조이스의 작품에서 여성이 남성을 유혹하는 이야기는 『더블린 사람들』의 「하숙집」에서도 볼 수 있었다. 도런(Doran)은 폴리(Polly)의 유혹의 함정에서 빠져 나올 수 없었던 사람이다. 폴리와 그는 실제적인 육체관계를 가졌기 때문이다. 그는 『율리시즈』에서 술주정뱅이로 타락해 버린 사람으로 등장한다. 「키클롭스」에서 블룸과 도런이 만나 악수를 나눈다. 여기서 화자(I-narrator)는 이 두 사람을 같은 범주에 넣지만 블룸이 보다 신중한 사람이다. 만일 블룸이 거어티의 유혹에 완전히 넘어가 육체적 관계로 이어졌다라면 블룸은 도런과 같은 처지가 되었을는지 모른다. 블룸은 자위 행위로 인하여 「키르케」에서 매춘부와 관계를 갖지 않게 된다. 이것은 블룸 부부가 다시 화합할 수 있는 긍정적 요인으로 작용하게 되는 아이러니를 이룬다.

블룸은 그의 시계가 4시 30분에서 멈추어 버린 것을 이상하게 생각한다. 그는 이 시각이 보일런과 몰리가 간통을 하는 시각일 거라고 생각한다.

4시 반에 시계가 멈추어 버리다니 우스운 일이야. (……) 그때

바로 그녀석이, 그녀가?
오, 녀석이 했던 거다. 그녀 속에. 그녀가 했던 거다. 끝난 거다. 아아!

—U. 303—

샌디마운트 해변에서 나타나는 블룸의 의식의 흐름은 잡다하지만 구심성으로 흐르는 그의 의식은 자주 몰리와의 과거 시절로 돌아간다. 몰리와의 추억과 현재의 자신의 처지가 그의 의식 속에서 함께 표류한다. 지나가는 자신의 청춘과 몰리의 청춘을 생각하고는 "태양 아래 새로운 것은 없다"(Nothing new under the sun)는 철학적인 결론을 내린다. 그는 윤회에 대해 생각해 보기도 한다. 이 대목에서는 중용과 관용의 자세를 취하는 블룸의 태도를 엿볼 수 있다.

이어서 블룸은 몰리와 연애할 때 연극에서 립 반 윙클(Rip Van Winkle) 역(役)을 했던 것을 회상한다. 주인공이 20년 동안 잠을 잔 후에 집으로 돌아오는 이 작품의 내용은 블룸이 제17장에 가서 몰리가 있는 집으로 돌아가는 것을 상징적으로 예시한다.

블룸과 거어티는 각기 그들의 길을 떠난다. 블룸은 해변의 모래 위에 지팡이로 거어티에게 전하는 메시지 하나를 쓴다. 그는 "I. AM. A."라고 쓰고는 그만둔다.[42] 블룸은 모래 위에 쓴

---

[42] I AM A. 다음에는 'cuckold(오쟁이진 남편)', 'king', 'stick in the mud(진흙 속의 지팡이)', a naughty boy(바람둥이)', 'alone', 'God', 'Christ', 등 여러 가지 상징적인 단어들이 생략되어 있다는 설이 있다(김종건, 『율리시즈 주석본』,

글씨를 구두로 지워 버리고 지팡이를 팽개친다. 지팡이는 진흙 같은 모래 속에 똑바로 꽂힌다. 해리 블레미(Harry Blamires)는 이것을 십자가의 상징으로 해석한다.43) 여기서 블룸은 간음을 한 여자에게 보여준 예수의 행위처럼 보일런에 대해서 관용적 태도를 보인다.

이때 사제관의 벽로대 위에서 시계(the cuckoo clock)가 뻐꾸기 소리(Cuckoo)를 아홉 번 낸다. 아홉 시를 알리는 것이다. 블룸의 시계는 4시 30분에 멈추어 버렸으므로 이 cuckoo-clock이 블룸의 시계를 대신한다. "Cuckoo"는 cuckold, 즉 오쟁이진 남편인 블룸을 암시하는 말이다. 한편으로 "Cuckoo"는 성경에서의 수탉의 울음소리를 연상시킴으로써 베드로의 배신과 보일런의 배신을 상징적으로 연계시키고 있다.

「태양신의 황소들」(Oxen of the Sun)에서 블룸은 홀레스(Holles)가(街)의 산부인과 병원을 방문하여 3일 동안이나 산고(産苦)를 겪고 있는 퓨어포이(Purefoy)부인을 문병한다. 이 장(章)은 9개의 부분으로 되어 있는데 이것은 임신의 기간인 9개월을 상징한다. 샌디마운트 해변에서의 자위 행위, 즉 다산(多産)에 대한 거역 행위를 한 후 블룸이 산부인과 병원을 방문하는 것은 그의 태도 변화의 조짐으로 볼 수 있다.

병원 안에서는 스티븐과 매든(Madden)을 위시한 한 무리의 학생들이 술을 마시며 피임에 대한 논쟁을 벌이고 있다. 이러한 행위는 율리시즈의 부하들이 팰러스(Pallas)의 명령을 어기

---

p. 359). 그리고 Fritz Senn은 AMA-는 LOVE를 의미한다고 주장한다.
43) Harry Blamires, *The New Bloomsday Book*, p. 138.

고 태양신의 황소들(Oxen of the Sun)을 살해하듯이, 다산(fertility)에 대한 모독적 행위를 상징한다. 조이스는 "블룸은 정자, 병원은 자궁, 간호원은 난자, 스티븐은 태아에 해당한다"고 그의 편지에서 밝힌 바 있다.44) 이 에피소드는 태아에 해당되는 스티븐이 블룸에 의해서 새로이 탄생되는 상징적 이야기로 볼 수 있다.

블룸은 퓨어포이 부인의 산고(產苦)를 가엾게 여긴다. 동시에 그는 태어난 지 11일 만에 죽은 루디를 생각하게 된다. 루디를 매장할 때 몰리는 "양털 조끼"(lamb's-wool vest)를 입혀 주었다. 이것은 희생양으로서의 루디를 연상하게 한다. 아들을 그리워하는 블룸은 스티븐에게서 부성(父性)의 사랑을 느끼며 스티븐이 낭비벽이 있고 방탕한 생활을 하는 것을 안타깝게 여긴다. 「태양신의 황소들」에서 블룸은 이 작품에서 처음으로 적극적인 행동을 보여준다. 적극적인 이 행동은 스티븐에 대한 그의 동정심의 발로에서 시작된다.

술에 취한 채 격렬한 논쟁을 벌이고 있는 동안 하늘에서는 천둥이 치며 곧이어 소나기가 쏟아진다. 아침에 스티븐과 블룸이 목격한 구름이 점점 짙어져 비를 내리고 있는 것이다. 동시에 퓨어포이 부인이 아이를 분만한다. 비는 이 작품에서 거듭 되풀이되는 다산과 비옥의 상징인 물의 이미지이다. 오전에 있은 디그넘의 장례와 관련된 죽음의 세계, 그리고 지금까지 본 여러 가지 혼돈과 불모의 세계에 소나기가 내림으로써 새로운

---

44) James Joyce, *Letters* I, 138-139.

질서와 창조의 비전을 보여주게 되는 것이다. 「태양신의 황소들」은 표면적으로는 퓨어포이 부인의 출산을 보여주지만 상징적으로는 스티븐이 예술가로서 새로이 탄생함을 나타낸다.

스티븐과 그의 동료들은 이미 술에 취해 있는데도 재차 모퉁이의 한 주점에서 술을 마신다. 그리고 나서 스티븐과 린치(Lynch)는 사창가(Nighttown)에 가기로 작정한다. 블룸만은 술에 취해 있지 않다. 블룸은 「키르케」에서 격심한 환상을 겪지만 술에 취하지 않았기 때문에 다시 이성을 회복하게 된다.

2) 리오폴드 블룸의 환상

「키르케」는 『율리시즈』에서 가장 긴 에피소드이면서 또한 가장 큰 비중을 차지한다. 조이스가 인간의 내면 의식을 다룬 「키르케」에 큰 비중을 둔 것은 무의식과 잠재의식을 포함한 인간의 실체를 보여주기 위함이다. 조이스는 이 장(章)에서 등장 인물들의 잠재의식을 그들의 환상(幻想)을 통하여 적나라하게 보여주고 있다. 여기서는 스티븐과 블룸의 환싱이 주를 이루는데 이것은 현실에서 자아분열을 겪고 있는 두 주인공이 환상적 시련을 거친 다음, 그들의 정신적 혼란을 수습하고, 새로운 출발을 시작하기 위한 과정이다.

「키르케」는 밤의 도시(Nighttown) 마보트가(Mabbot Street)의 사창가를 배경으로 하고 있다. 「하데스」가 한낮의 지하 세계(공동묘지)를 조명한 장(章)인 반면에 「키르케」는 한밤의 의식의 지하 세계를 조명하는 장이다. 여기서는 앞서 등장했던 거의 모든 인물들이 재등장하여 현실과 환상이 교체되는 세계에서 뒤

얽힌다. 틴덜(Tindall)은 이 장(章)을 집단 무의식의 표현이라고 보았다.45)

　형식 면에서 소설을 극화한 이 에피소드는 일종의 드라마로서 인간 의식을 만화경(萬華鏡)처럼 보여주는 기법을 사용함으로써 『율리시즈』의 축도가 된다. 또한 자정을 시간 배경으로 하고 있는데, 영시가 주는 상징적인 의미를 읽을 수 있다. 여기서 모든 의식은 전복되고 혼돈의 환각 세계를 거친 다음 새로운 질서의 세계로 나아가게 된다.

　「키르케」는 블룸의 잠재 의식 세계를 보여주는 심리극(psychodrama)이다. 이러한 환상은 그의 사회적 고립과 소외 의식에서 오는 것과, 성적(性的) 좌절에서 오는 것으로 구분될 수 있다. 블룸의 성적 변태 심리는 현실의 세계에서, 마아사와의 비밀 서신 교환, 관음증(觀淫症), 자위 행위, 복장 도착(transvestism), 자궁 선망(womb envy), 나르시시즘(narcissism), 피그말리오니즘(Pygmalionism) 등으로 나타났으나, 환상의 세계에서는 여성적 남성(womanly man), 어른 아이(manchild), 분변기호증(糞便嗜好症), 마조히즘(masochism) 등의 형태로 나타난다.

　블룸이 겪는 환상 중에서 첫 번째 것은 거어티 맥도웰(Gerty MacDowell)과 브린 부인(Mrs Breen)이 나타나 블룸의 성적(性的) 비행을 비난하는 것으로 시작된다. 「나우시카」에서 그녀의 노출된 허벅지를 보고 수음을 한 행위를 비난하기 위하여 거어티

---

45) "Mind-sharing is common in this chapter—as in the collective unconscious."
　　〔W. Y. Tindall, *A Reader's Guide to James Joyce*(New York : Farrar, Straus & Giroux, 1978), p. 209.〕

의 환상(幻像)이 나타난다. 거어티는 블룸에게 "피묻은 속옷"(bloodied clout)을 내보이는데, 블룸이 그녀를 보고 자위 행위를 하였기 때문에 그녀의 처녀성을 상실하게 했다는 의미가 된다.

거어티가 사라지고 이어서 브린 부인이 두 눈을 부릅뜬 채 나타난다. 그녀는 블룸이 몰리와 결혼하기 전에는 그의 연인이었으며, 또한 몰리와 친구 사이였다. 브린 부인이 블룸에게 매음굴에 온 것을 비난하자 블룸은 당황하면서 매음굴에 온 이유를 변명하기에 급급하다. 브린 부인이 블룸에게 "주제를 알라"(You ought to see yourself!)고 호되게 비난하는 것은 큰 의미가 있다. 환상과 도피의 세계에서 위안을 찾는 블룸을 현실 세계로 이끄는 하나의 경종인 것이다. 그러자 블룸은 사각(四角) 관계, 다른 부부끼리 서로 뒤섞인 잡혼(雜婚) 등을 주장한다. 블룸 부부, 보일런, 브린 부인과의 혼합 관계를 두고 하는 말이다. 처녀 때 미모를 자랑하던 브린 부인(처녀 명은 Josie Powell)은 만약 블룸이 몰리와 결혼하지 않았더라면 그의 부인이 되었을 여인이나. 거어티에 대한 환상보다 브린 부인에 대한 환상이 훨씬 더 긴 것을 볼 수 있는데, 이들은 결혼 전에 꽤 깊은 사이였던 것이다. 그녀와의 연애 시절로 블룸의 환상이 이어지는데, 이것은 오후에 있을 몰리와 보일런과의 정사(情事)에 대한 의식으로부터 도피하려는 심리 현상으로 볼 수 있다.

브린 부인이 다시 나타나 블룸을 유혹하고 그에게 키스를 요구하자 블룸은 몰리와의 키스를 회상하게 된다. 몰리와의 달콤했던 키스와 보일런의 남근을 상징하는 "통조림 고기"(Plumtree Potted Meat)가 그의 의식 속에서 교차되고, 이어서 블룸의 환상은 몰리와 시드케익(seedcake)을 입속에서 주고받던 호우드 언덕에서의 연애 시절로 흘러간다. 이때 키스(THE KISSES)는 등장인물(dramatis personae)로 변신하여 블룸의 주위를 날아다닌다. 이는 몰리에게로 돌아가기를 종용하는 행위인 것이다.

두 번째 환상 역시 성(性)에 대한 죄의식에 관한 것인데 첫 번째보다 환상의 정도가 훨씬 더 강하다. 이 에피소드에서는 경찰관이 블룸이 어두운 골목에서 방뇨(放尿)[46]를 했다고 그를 심문하는 것으로 시작된다.

경찰관이 이름과 주소를 대라고 하자 블룸은 그와 동명이인(同名異人)인 치과의사("Dr Bloom, Leopold, the dental surgeon")의 이름을 댄다. 경찰관으로부터 신분증 제시를 요구당하는 순간 블룸의 모자 가죽 안받이에서 카드 한 장이 떨어진다. 이것은 마아사가 블룸에게 보낸 엽서이다. 거기에 적힌 헨리 플라워라는 이름을 보고 경찰관은 블룸을 현장부재 사칭(現場不在詐稱)의 죄목으로 체포한다.

이제 환상은 재판의 형태로 시작된다. 이때 마아사가 환상의 장면에 나타나 그녀에게 관심을 보여주지 않는 블룸을 몹시 비난한다. 블룸이 마아사를 매녀, 술취한 여자로 매도하자 그녀는 그를 "비정한 난봉꾼"(heartless flirt)이라고 비난한다. 방청석에 있는 사람들 모두가 그를 비난하고 나섬으로써 그는 한층 더 비참한 상태가 된다. 현실에서의 소외 의식을 환상 속에서

---

[46] 『율리시즈』에서 물과 관련된 것은 모두 다산(多産)의 상징이다. 방뇨 행위 역시 다산을 상징하는 것으로 생식이 단절된 블룸이 생산을 하고자 하는 잠재의식의 표출이다.

보상받으려는 블룸의 모습은 가련하다.

  그는 자기 장인은 대영제국의 육군 소장이고, 자기는 저널리스트라고 거짓말을 하여 위신을 세워 보려고도 한다. 이때 방청석에 있던 뷰어포이(Beaufoy) 부인은 그를 표절 작가라고 고발한다. 이어서 메리 드리스콜(Mary Driscall)이 출두해 그녀가 가정부로 일하고 있을 때 블룸이 자기를 겁탈하려 했었다고 비난한다. 그러자 더블린의 상류층 부인들이 차례로 나타나 블룸을 야비하고 음흉한 사람이라고 고발한다. 탤보이즈(Talboys) 부인은 블룸이 피학대 음란증 환자(masochist)라고 말한다. 벨링엄(Billingham) 부인은 블룸이 그녀에게 "가능한 한 빠른 기회에 결혼의 침상을 더럽히고, 간통을 범하도록 권유했다"고 폭로하면서, 블룸을 거세(去勢)시켜 생체 해부(生體解剖)를 해야 한다고 주장한다. 탤보이즈 부인이 회초리를 들고 블룸에게 바지를 끌어내리라고 호통을 치면서 "저 사람은 소문난 오쟁이진 사내" (He is a wellknown cuckold)라고 말하자, 블룸은 자기가 거세되어 남편 구실을 못하게 된 것은 거어티 때문이라고 말한다. 환상의 세계에서나마 자신의 처지를 합리화해 보려는 애처로운 발상이다. 블룸이 환상의 세계에서 여러 여자들로부터 이렇게 가혹한 고발을 당하는 것은, 현실의 세계에서 보인 바 있는 그의 여러 가지 성적(性的) 변태 심리로 인한 죄의식이 환상 속에서 표출되는 것으로 설명할 수 있다.

  이때 시계가 서방질한 아내의 남편(cuckold)의 상징으로(「나우시카」에서처럼) 세 번 "Cuckoo"하고 울린다. 동시에 몰리의 침대의 놋쇠 고리("THE QUOITS")가 등장 인물화되어 "Jigjag. Jigajiga.

Jigjag"하고 소리를 낸다. 몰리와 보일런의 정사를 연상시키는 소리이다.

블룸이 「키르케」에서 겪는 이러한 환상은 현실 세계에서의 그의 성적(性的) 억압이 환상(프로이드 식으로는 꿈)의 형태로 변형된 것으로 볼 수 있다. 아들 루디를 상실한 데서 오는 공포감과, 아버지 비러그(Virag)의 자살에서 받은 심리적 충격이 블룸의 무의식에 억압되어 있으므로 그는 남성으로서의 기능을 발휘하지 못하고 있다. 수제트 헨크(Suzette A. Henke)는 부(父), 자(子), 그리고 남근(男根)은 심리학적으로 같은 위치를 차지함으로써, 부(父)와 자(子)의 죽음으로 인한 블룸의 공포는 그의 성(性)에 작용하여 "남근 결핍"(phallic lack) 현상을 보이고 있다고 설명한다.47)

여러 사람들이 고발하는 블룸의 죄는 실제로 근거가 없는 것이지만 그의 수난은 오해와 편견으로 가득 차 있는 인간사회에서 희생되는 인간의 운명의 단면을 보여주는 것이기도 하다. 법정에서 사람들이 그를 "유다 이스카리옷"(Judas Iscariot)이라고 하지만 우리는 그에게서 오히려 수난당하는 예수의 모습 같은 인상을 받는다.

하강으로 치닫던 블룸의 위치가 역전되어 상승 일로에 접어드는 것은 그가 스티븐의 행방을 찾다가 매춘부 조위(Zoe)를 만나는 순간부터이다. 여기서부터 세 번째 환상이 시작된다. 조위

---

47) Suzette A. Henke, *James Joyce and the Politics of Desire*(London : Rotledge, 1990), p. 113.

가 그의 고환을 자극하는 순간 그는 남성(manhood)을 회복하게 된다. 사회 개혁을 추구하는 블룸은(현실의 세계에서 그는 여러 가지 사회 개혁을 마음속에 그려 본 적이 있다) 모든 이들로부터 추앙을 받아 황제 리오폴드 1세가 된다. 더블린을 왕도로 정하고 낙원 세기 원년을 연다("...our loyal city of Dublin in the year 1 of the paradisiacal Era."). 그는 대관식에서 천한 신분인 전부인을 추방하고 달의 여신 셀레네(Selene)를 새 아내로 맞아들이고,48) 백성들에게 미래의 "새로운 블룸 성지"(the new Bloomusalem)가 될 황금의 도시로 들어가게 될 것을 약속함으로써 그의 종교적 이상을 환상의 세계에서 피력한다. 이때 블룸에게 교차시킨 모양의 더블린 시의 열쇠("Keys of Dublin, Crossed")가 수여된다. 권위와 남성의 상징으로서 'key'의 이미지가 재확인되고 있다. 현실의 세계에서 열쇠를 가지고 있지 않을 때 그는 거세의 이미지와 관련되지만 그것을 갖게 됨으로써 남성을 회복하고 권위를 누리게 된다. 황제 리오폴드 1세는 오른 손을 고환에 대고 선서를 한다. 그러자 성당에서 축제의 종이 울리고 마이러스 자선시(Mirus bazaar)에서 쏘아 올린 폭죽들이 성기의 형태를 하고 사방에서 치솟는다. 이때 귀족들은 무릎을 꿇고 그에게 경의를 표한다. 「나우시카」에서의 자위 행위는 불모의 상징이나, 환상 속에서는 이것이 남성의 힘(potency)을 회복하는 것으로 상징되고 있다. 최고의 인기를 얻고 절대 권력자가 된 블룸은 백

---

48) 몰리 역시 달의 이미지와 유사하게 묘사되고 있는데 이는 몰리와의 재결합을 예견하게 하는 대목이다.

성들에게 온갖 선물과 은총을 베풀어 "구세주"(Father-Giver)가 된다. 그러자 현실의 세계에서 그를 몹시 학대했던 '시민'도 눈물을 흘리며 블룸에게 하느님의 축복이 있기를 기원한다. 현실에서는 버림받던 그가 지위 상승의 극치에 달하는 것은 현실에서의 억압의 정도가 그만큼 컸다는 것을 반증한다.

상승과 하강이 교체하는 환상 속에서 오매든 버크(O'MADDEN BURKE)가 "자유로운 암탉 둥지에 여우는 자유로이"(Free fox in a free henroost)라는 말을 하는 장면에서부터 하강으로 치닫는다. 버크의 말은 보일런이 몰리의 침실을 자유로이 드나듦을 암시하는 것이다. 이어서 블룸은 "모든 인종의 혼합과 잡혼"(Mixed races and mixed marriage)을 주장한다. 이 때문에 그는 악인으로 몰리게 되고 폭도들은 그를 "여우같은 남자"(Mr Fox)라고 하며, 사형(lynch)에 처하라고 아우성을 친다.

블룸은 자신이 정상인임을 주장하고 성 전문가로 나타나는 멀리건(Mulligan) 박사에게 그의 육체의 의학적 진단을 요청한다. 멀리건은 블룸이 정신분열증(dementia), 간질병(epilepsy), 상피병(象皮病; elephantiasis), 노출증(exhibitionism) 등의 증상이 있다고 진단한다. 또한 멀리건은 블룸이 "양성(兩性)을 가진 변태자"(bisexually abnormal)로서 "순수한 처녀막을 가진 처녀"(virgo intacta)임이 판명되었다고 주장한다. 매든 박사(Dr Madden)는 그를 고도의 생식 불능 환자(Hypsospadia)라는 진단을 내린다. 이렇게 여러 사람들이 블룸을 비정상적인 사람이라는 판단을 내리는 것은 그가 현실의 세계에서 보인 여러 가지 변태성, 즉 여성적 경향, 오쟁이진 남편, 자위 행위 그리고 그의 자아 분열 상태와 관련이 있다. 딕슨 박사(Dr Dixon)는 블룸을 "여성 같은 남성의 본보기"(a finished example of the new womanly man)라고 하고, 블룸이 곧 아이를 낳을 것이라고 한다. 그러자 블룸은 정말 어머니가 되고 싶어한다("O, I so want to be a mother"). 이어서 그는 산파역을 담당하는 손턴 부인(Mrs Thornton)을 힘껏 끌어안고 여덟 명의 황색 및 백색의 사내아이를 낳는다. 블룸의 여성적 경향이 환상 속에서 극도에 달하는 장면이다. 그의 여성적 경향은 「키클롭스」(The Cyclops)에서 내레이터가 그를 "뒤섞인 중성(中性)들 중에 하나"(one of those mixed middlings)라고 조롱함으로써 이미 그 전례를 보인 바 있다. 그는 여성의 내의를 산적도 있고, 또 두통으로 한 달에 한 번씩 누워 있는 행위는 월경을 연상시키게 함으로써 조롱을 당하기도 한다("Lying up...once a month with a headache like a totty with her courses"). 「레스트리고니언즈」(Lestrigonians)에서 그는 자신이 임신을 해보는 생각도 한 적이 있다.

사회적으로 고립되어 있고 정상적인 성관계를 갖지 못하는 그는 자기 비하, 또는 자학하는 경향이 있다. 그는 조국을 사랑하지만 유태인 출신이라는 이유로 사회적으로 소외당한다. 이런 것들로 인해 그는 현실을 부정적으로 보게 되고 그 결과 수동적·소극적 인간이 되어 버린다. 아내의 간통으로 그는 자신의 무능을 뼈저리게 느낀다. 그의 여성적인 경향은 남자로서 제 구실을 못하고 있다는 심리적 억압에서 보상을 구하려는 심리 현상이다.

아이들을 낳은 후 블룸은 다시 메시아로 칭송되고 많은 기적을 행한다. 이때 다시 블룸에게 비난의 소리가 들려 온다. 그의 수음(手淫) 현장을 목격한 게(crab), 계집 아이, 감탕나무가 그를 비난한다. 블룸은 자기의 과거를 용서해 달라고 애원한다. 이것은 정상적인 부부 관계를 회피하고 자위 행위로 성적 욕구를 충족시킨 블룸의 죄의식이 환상에서 나타나고 있음을 보여 주는 것이다.

이어서 블룸은 팔짱을 끼고 발을 쭉 뻗은 채, 형틀에 앉아 예수처럼 십자가에 못 박힌다. 'Bloom-Christ'가 된 블룸은 "에이린의 딸들이여, 나를 위해 울지 마라"(Weep not for me, O daughters of Erin)고 한다. 이는 예수가 한 말, "예루살렘의 여인들아, 나를 위해 울지 말고 너와 네 자녀들을 위해 울어라"는 말의 인유이다. 여기서 스티븐이 등장하고, 이어서 등장 인물화된 "세계의 종말"(THE END OF THE WORLD)과 엘리야(ELIJAH)의 등장으로 세 번째 환상은 막을 내린다.

블룸의 환상 중에는 그의 경험 세계를 초월하는 것도 많이 내포되어 있다. 조이스는 인간의 내면 세계를 깊이 파헤쳐서 인간의 본모습을 드러내 보이고자 하는 것이다. 따라서 블룸의 환상은 현대인이 가질 수 있는 변화무쌍하고 복잡한 심리와 의식을 표출한 것이라 하겠다.

네 번째 환상에서는 사창가의 현관에 서 있는 블룸의 모습이 나타난다. 그의 할아버지 비러그 리포티(Virag Lipoti)가 나타나 성적(性的)으로 무능한 블룸에게 남자의 면모를 회복하도록 격려한다. 리포티는 익살스럽게 여성을 다루는 테크닉과 남성의 정력을 보강하는 갖가지 약초를 블룸에게 가르쳐 준다. 그의 할아버지 비러그의 등장으로 아버지의 자살과 아들의 상실로 고독한 처지에 있는 블룸은 위안을 얻는다. 이때 블룸은 성에 대한 죄의식에서 벗어나 평정을 회복하고 신중하고 침착한 헨리 플라워로 변신한다.

네 번째 환상에서 헨리 플라워로 변신한 블룸이 찾은 평정은 일시적이다. 블룸이 겪는 가장 극심한 환각은 그가 창녀가 되는 장면이다. 육중한 체구에 반남성적인 여포주 벨라 코헨(Bella Cohen)이 등장함으로써 다섯 번째 환상이 시작된다. 벨라 코헨은 암흑과 공포의 세계를 대변하는 여성의 상징이다. 그녀는 남성인 벨로(Bello : Bella의 남성형)로 변신하며, 그(녀)의 엄청난 남성적인 힘은 내성적이고 온순한 블룸과 대조를 이룬다. 벨로는 '시민'과 유사한 인물이 되어 가부장적(家父長的)인 세계와 폭력적인 남성의 세계를 반영하는 인물로 나타나게 된다.

여기서 블룸이 겪는 환상은 가장 길고 흉측스러운 것이다. "과거의 죄들"(SINS OF THE PAST)이 등장하여 벨라(또는 벨로)에게 블룸의 변태를 고발한다. 블룸이 세 번째 환상에서 황제가 되었듯이 여기서는 벨라가 블룸에게 군림하는 여제(女帝)가 된다. 벨라(Bella)의 이름은 남성형인 벨로(Bello)로 바뀌고 블룸은 파울라〔Paula : 폴디(Poldy)의 여성형〕가 되어 여역(女役)을 하게 됨으로써 가장 굴욕적인 성 역할 전환(change of sex)의 지경에까지 이른다. 이것은 전통적인 남녀의 권위가 전복되는 것을 의미하는 것으로서 일종의 피학대 음란증(masochism)이다. 블룸은 여성 의상을 입고, 남자 바지를 입은 벨라[로]에게서 굴욕적인 성적 학대를 당한다. 그러나 아내의 간통을 의식하고 있는 블룸은

4. 『율리시즈』 ─ 인간 의식의 파노라마

이러한 학대에 오히려 쾌락을 느낀다. 벨라[로]는 창녀가 된 블룸을 지나가는 사람들에게 흥정하기도 한다.

환상의 장면은 현실로 바뀌고 블룸은 일시적으로 남성을 되찾는다. 벨라는 블룸에게 성불구자라고 모욕을 준다. 이 순간 그는 자기 집을 생각하게 되고, 벨라[로]는 그의 집에서 일어나고 있는 보일런과 몰리의 정사를 환기시켜 준다. 벨라[로]의 오쟁이진 남편에 대한 비난과 그와 보일런과의 남성적 비교, 적나라한 정사 장면에 관한 이야기 등은 블룸의 가슴을 찢는다.

벨라[로]가 블룸에게 "이 절름발이 집오리야. 우리들이 바라는 건 폭우지 네 가랑비는 아니야"(...lame duck. A downpour we want not your drizzle)라고 모욕을 주자 블룸의 머리 속에 몰리가 떠오른다. 블룸이 집으로 돌아가겠다고 아우성치자 벨라[로]는 "이미 늦어서 하숙인이나 사내 첩의 자격으로만 집으로 돌아갈 수 있다"고 말하고 "유언장을 쓰고 죽어서 지옥에나 가라"고 한다. 그러자 블룸은 몰리를 부르며 "몰! 난 잊었던 거요! 용서해요! 몰……우리는……아직은……"이라고 절규한다. 여성화한 블룸이 아내를 남성형으로 몰(Moll)이라고 부르고 있다. 블룸은 아직 완전히 남성을 회복하지 못했지만, 몰리를 애타게 찾는 그의 외침은 부부 화합으로의 큰 전환을 시사한다. 이어서 립 반 윙클(Rip Van Winkle)을 상기시키는 장면이 나오고 벨라[로]는 그에게 집으로 돌아가라고 말한다. 20년 동안 산속에서 잠이 들었다가 깨어나 집으로 돌아와 보니 아내는 죽고 자신은 낯선 사람으로 여겨지고 세상은 엄청나게 변해 버렸다는 이야기의 주인공 립 반 윙클과 블룸이 동일시되고 있다.

휴 케너(Hugh Kenner)는 블룸이 「키르케」에서 당하는 성적 학대는 그의 정죄(淨罪)를 위한 필연적인 과정으로 본다. 왜냐하면 그는 "자식을 낳아 번성하라"(be fruitful and multiply)는 유태인의 율법을 거역하였기 때문이다.49)

블룸의 침실에 걸려 있는 그림의 님프(Nymph)들은 블룸이 낮에 본 석고상의 여신들로 변장하여 나타나 그들의 국부를 살핀 데 대해서 비난한다. 이때 린치(Lynch)가 등장하여 매춘부 플로리(Florry)가 앉아 있던 쿠션을 가리켜 "펄펄 끓듯이 뜨겁군"(piping hot) 하고 농담을 한다. 여신상의 미, 차가운 순결의 이미지는 따뜻한 피가 흐르는 여성의 육체의 온기와 대조를 이룬다. 블룸은 그의 주위에 있는 매춘부들의 육체의 온기를 느끼며 성적 흥분 상태가 된다. 이때 블룸의 뒷바지 단추 한 개가 "툭"(Bip!)하고 터진다. 그 순간 블룸은 완전히 남성(manhood)을 회복하고 벨라의 마력도 깨어진다. 이때 님프는 블룸의 남성 기능이 영원히 회복되지 못하도록 단도를 꺼내어 그의 허리를 찌르려고 한다. 블룸은 님프의 베일을 벗기고 석고를 부수어 버림으로써 그녀의 공격을 모면한다. 이어서 블룸은 조위(Zoe)에게서 감자를 되돌려 받고 완전히 현실로 되돌아오게 된다. 이때의 감자는 키르케의 마력으로부터 보호받기 위해 헤르메스(Hermes)가 율리시즈에게 주는 마초(魔草)인 몰리(moly)에 해당한다.

벨로는 다시 여성화되어 벨라로 변한다. 벨라가 블룸의 이름

---

49) Hugh Kenner, *Ulysses*(Baltimore : The John Hopkins Univ. Press, 1987), p. 118.

을 정식으로 부르는 것으로 다섯 번째 환상은 끝난다. 이 순간부터 블룸은 오쟁이진 자로서 수동적인 자세를 취하던 예전과는 아주 다른 모습을 보이며, 막연하나마 몰리에게로 돌아가야 한다는 각성이 생기기 시작한다.

몰리와 보일런의 밀회는 지금까지 블룸의 긴 의식의 흐름 속에서 순간순간 단편적으로 스쳐 가는 것이었다. 「키르케」에서 블룸이 겪는 여섯 번째 환상은 아내의 간통에 관한 것이다. 하루 종일 그의 마음을 괴롭히는 이 일이 그의 환상 속에서 다시 구체화된다.

블룸은 보일런 앞에서 꼼짝못하고, 그로부터 치욕스러운 취급을 당한다. 보일런은 블룸에게 진(jin) 주(酒)나 사 먹으라고 6펜스를 주고는, 블룸의 머리에 난 사슴뿔 가지[50]에 그의 모자를 멋지게 건 다음, 블룸에게 자기를 몰리에게 안내하라고 명령한다. 블룸은 이를 쾌히 승낙한다. 블룸은 보일런에게 연고가 든 단지를 내밀며 바셀린이나 당귤꽃 기름 또는 미적지근한 물이 도움이 되지 않겠느냐며 아부를 하기도 한다. 보일런은 블룸의 관음증을 조롱하듯 그가 그녀와 몇 차례 일을 치르는 동안 열쇠 구멍으로 엿보아도 좋다고 말한다. 블룸은 매우 기뻐하며 스냅 사진을 찍겠다고도 한다. 이어서 오르가슴에 달한 보일런과 몰리는 괴성을 지르고 블룸은 열쇠 구멍을 통하여 그 장면을 엿보고 있다. 환상의 세계에서 블룸의 변태가 극단적으로 나타나고 있다.

---

50) 오쟁이진 남편의 상징이다.

블 룸

(미친 듯이 눈을 크게 뜨고, 자신을 껴안으며) 보여요! 감춰요! 보여! 그녀를 쟁기질해요! 한층 더! 발사!)

—U. 462—

현실의 세계에서 성적(性的)으로 억압된 블룸은 환각의 세계에서 자기 대신 아내의 욕구를 만족시켜 주고 있는 보일런에게 오히려 격려를 보내고 있다. 여기서 블룸은 관음증과 마조히즘(masochism)적 변태로써 성적(性的) 카타르시스를 충족시키고 있다. 현실 세계에서의 좌절이 환각의 세계에서 정신 분열의 형태로 나타나고 있다. 「키르케」는 블룸의 죄의식과 욕망이 상충되고 있는 심리극(psychodrama)이다.

여섯 번째 환상에서는 스티븐의 환상이 포함되어 있다. 린치가 "자연을 거울에 비추는 거다"(The mirror up to nature)라는 말을 하면서 등장한다. 이때 스티븐과 블룸이 거울 속을 빤히 들여다보자 거울에는 굳어져 있는 셰익스피어의 얼굴이 나타난다.[51] 셰익스피어의 등장은 작가 스티븐을 올바른 예술가의 길로 인도하는 것을 상징한다고 볼 수 있다.

블룸이 그의 죄의식으로 인해 환상적 시련을 겪는 반면, 스티븐은 그의 배교(背敎)에 대한 저주를 두려워함으로써 환상적

---

[51] 셰익스피어 역시 블룸과 같이 아내에게 걷어차인 남편(henpecked husband)으로 유명하다. 앞서 블룸이 요정에게 "Frailty, the name is marriage"라고 외치는데, 이것은 그가 셰익스피어와 같은 처지임을 연상시킨다.

시련을 경험한다. 그의 망모가 지옥의 불을 조심하라고 외치자 스티븐은 "젠장! 난 섬기지 않겠어!" [Shite! (……) *Non serviam*!] 라고 외치면서 그녀(또는 가톨릭)에게 항거한다.

스티븐은 그녀에게 "모든 이들에게 알려진 그 말"(the word known to all man), 즉 '사랑'을 의미하는 그 말을 해 달라고 애걸하지만 그녀의 저주는 변함이 없다. 그러자 스티븐은 물푸레나무 지팡이52)를 치켜들고 샹들리에를 부수어 버림으로써 "시간과 공간"은 파괴되고 세상은 어둠에 갇힌다. 「네스트로」에서 보인 시간과 공간의 파멸의 장면이 재현된다. 이러한 스티븐의 행위는 그가 과거와 결별하고 새로운 창조의 길로 향하는 상징적인 의미가 있다. 이것은 혼돈의 세계를 거쳐 새로운 질서의 세계를 창조하는 『율리시즈』의 주제와 상통하며, 미성숙한 예술가 스티븐이 성숙한 예술가가 되기 위한 출발점으로도 볼 수 있다.

마이너 퓨어포이(Mina Purefoy) 부인의 복부(腹部)에서 올리는 흑미사(the Black Mass) 장면에서 스티븐은 "죽음에 저주를. 인생만세"(Damn death. Long live life!)라고 외친다. 이것은 새로운 삶으로 향하는 외침으로, 자아 몰입의 상태에서 고뇌하며 자살을 생각해 보기도 한 이전의 그의 모습과는 큰 대조를 이룬다.

이 장(章)에서 술에 만취되어 사창가를 배회하고 있는 스티븐을 보호해 주기 위해서 따라다니며 그를 위기에서 구해 주는 블룸의 행위는 이들의 영적(靈的) 부자 관계의 성립을 예고해

---

52) 물푸레나무는 재생을 상징하는 나무이다.

주고 있다.

스티븐의 환각이 끝나고 밤의 거리에 등장한 사람들은 모두 떠난다. 스티븐은 영국 병사들과 말다툼을 하고, 벨라로부터 그가 부수어 버린 샹들리에에 대한 손해 배상을 요구받고, 병사 카아(Private Carr)의 구타를 당하는 등 곤경에 처한다. 밤의 거리에 등장한 사람들은 모두 떠나지만 블룸만이 남아서 스티븐을 이러한 곤경에서 구해 주고, 땅에 쓰러져 있는 그를 일으켜 세워 포장마차로 데리고 간다. 이러한 블룸의 행위는 부성(父性)을 의미하는 것이다. 스티븐은 여태껏 친부(親父)로부터 이러한 부성을 느껴 보지 못했다.

마지막 일곱 번째 환상은 스티븐이 블룸의 죽은 아들 루디로 변신하는 장면이다. 여기서 스티븐과 블룸의 상징적 부자 관계가 한층 더 그 윤곽을 드러낸다. 술이 취한 채 노상에 쓰러져 있는 스티븐을 블룸이 깨운다. 블룸은 스티븐이 숨을 쉴 수 있도록 그의 조끼 단추를 풀어 준다. 이 순간 블룸의 시야에는 죽은 무니의 환영이 띠오른다. 그리고 스티븐의 얼굴에서 루디의 환영이 겹쳐지며, 루디의 호주머니에서 한 마리의 새끼 양이 머리를 내민다. 이것으로 루디는 희생양이 된 것이며, 이 희생으로 스티븐은 블룸의 정신적 아들이 된다.

「키르케」에서 스티븐이 겪는 환상은 망모의 환영과 "악몽의 역사"(the nightmare of history)에서 벗어나, 그의 예술가적 이상을 펼치기 위한 시련의 과정이며, 블룸에게는 현실의 시련을 극복하고 정화(淨化)의 길로 나아가기 위한 과정이다.

「키르케」는 그의 의식이 구심성의 궤적을 그리는 블룸과, 원심성의 궤적을 그리는 스티븐이 서로 만나 그들의 문제를 해결하기 위한 시발점이 되는 장으로서 이 작품의 절정부가 된다. 스티븐과 블룸의 상징적 부자 관계가 성립된 후 이야기는 『율리시즈』의 'Nostos'(귀향)로 이어진다.

3) 환상을 통한 정화(淨化)

「칼립소」에서 몰리가 블룸에게 "Metempsychosis"(윤회)가 무슨 뜻인지 물어 보자 블룸은 "영혼의 전생(轉生)"(transmigration of souls)이라고 말해 준다. 블룸이 헨리 플라워(Henry Flower), 루돌프 비라그(Rudolph Virag)로 정체(正體)가 바뀐다든지, 「키르케」에서 'mother', 'woman' 등으로 변신하는 것은 윤회의 상징성을 띤다. 「스킬라와 카리브디스」에서 카시오페이아자리에서 W형 신성(新星)이 나타나 윌리엄 셰익스피어의 탄생을 알리듯이 「이타카」에서는 북방 코로나에서 하나의 별이 나타나 리오폴드 블룸의 새로운 탄생을 알린다.[53]

블룸은 좌절, 굴욕, 공포, 처벌 등 갖가지 정신적 혼란과 시련을 겪음으로써 변태적이고 도착(倒錯)적인 행위를 보이지만 인간애를 잃지 않는다. '시민'과의 말다툼에서 보여주듯 그는 증오가 아닌 사랑을 주장한다. 「레스트리고니언즈」에서 블룸은 눈먼 소년의 불쌍한 모습을 보고 업보(Karma)와 윤회에 대해서 생각한다. 블룸의 사상은 예수의 사랑과 부처의 자비, 그리고

---

53) 또한 안드로메다 자리에서도 하나의 별이 나타나 스티븐 디덜러스의 새로운 탄생을 알린다.

인과응보(因果應報) 등이 혼합되어 있다.

블룸의 여정(旅程)은 결국 사랑을 실천하기 위한 여정이다. 블룸의 사랑은 사마리탄(Samaritan)적이고, 아가페(Agape)적인 사랑이다. 유가족을 위해 디그넘가(家)를 방문하는 것, 퓨어포이 부인의 산고를 가엾게 여겨 문병하는 행위, 앞을 보지 못하는 소년의 손을 잡고 길을 건네주는 행위, 이 모두 사랑과 자비의 실천이다. 「태양신의 황소들」에서 「이타카」에 이르면서 그는 부성(父性)의 사랑을 보여줌으로써 스티븐이라는 영적(靈的) 아들을 얻게 된다. 한편 블룸은 그를 학대한 '시민'도 용서하는 관용을 보인다.

이러한 인간애를 가지고 있기 때문에 블룸은 현실에서 겪는 시련을 참아 내고, 「키르케」에서 극심한 환상을 겪지만 다시 평정을 회복할 수 있게 된다. 블룸이 겪는 환각과 수모는 그가 변신을 통해서 새로운 미래로 향하기 위한 시련으로 볼 수 있다. 윌리엄 월코트는 블룸의 수난을 예수의 수난과 같은 맥락에서 보고 있다.[54] 조이스가 영웅 율리시즈를 "만능의 인간" (all-round man)이라고 했듯이 블룸의 환상은 그가 "all-round man"이 되기 위한 시련의 과정이다. 그가 「키르케」에서 겪게 되는 환각은 분열된 자아를 수습하고 정화시키는 과정으로 해석할 수 있다.

블룸의 변신은 그가 본래 가지고 있는 인간미와 극단을 피

---

54) William Walcott, "Notes By a Jungian Analyst on the Dream in Ulysses," *James Joyce Quarterly*, 9(Fall 1972), 43.

하는 태도, 즉 중용의 태도로서 가능해지는 것이다. 특히 술에 취한 스티븐을 뒤따라가 도와주려는 자비심의 발로는 그를 정화의 세계로 이끄는 큰 계기가 된다.

블룸의 관용은 물의 이미지와 관련되어 있다. 그는 물과 같이 "보편성과 스스로 수평면을 유지하려는 속성"(Its universality... and constancy to its nature in seeking its own level...)을 가지고 있다. 블룸은 「키르케」에서 격심한 파도에 휘말렸다가 다시 잔잔한 바다로 돌아온다. 「레스트리고니언즈」에서 그는 리피 강의 다리를 건너면서 인생의 흐름을 생각한다.

> 물은 언제나 흐르는 것이다. 언제나 변하는 거지, 우리도 인생의 흐름을 따라간다. 인생도 하나의 흐름이니까.
>
> ─U. 126─

고향으로 돌아온 율리시즈는 페넬로페에게 구혼한 자들을 학살한다. 이에 비추어 조이스는 집으로 돌아온 블룸에게 어떤 식으로 보일런에 대한 보복을 하게 할 것인가에 대해서 고심한 바가 있다.55) 증오와 폭력을 싫어하는 조이스는 이러한 학살은 율리시즈답지 않은 행위로 여겨 블룸에게는 다른 방식을 취하게 한다. 「이타카」에서 블룸의 보일런에 대한 시각(視角)은 변화한다. 그는 보일런을 "정력이 강한 거친 경쟁자"로 보는 동시에 몰리의 유혹에 넘어간 하나의 희생자로 본다. 블룸은 보일런의 육체적·성적(性的) 우위성에 대해서 부러움과 시기심을

---

55) James Joyce, *Letters*, 160.

느끼지만, 적대감을 갖지는 않는다. 블룸은 보일런의 "애욕적 이기주의의 충동에 굴복하기 쉬운 젊음"을 이해하고, 그 탈선이 구타·살인 등과 같은 범죄에 비해서는 나은 것이며, 인간이기 때문에 있을 수 있는 일로 간주한다. 그래서 블룸은 폭력적 보복을 스스로 거부한다. 그는 몰리에 대해서는 소송, 멸시, 따돌림, 모독, 별거 등을 생각해 보기도 한다. 그러나 몰리의 간통 행위를 "결코 변하지 않지만 항상 변하는(neverchanging everchanging) 자연의 이치의 일부"로서, 이미 돌이킬 수 없는 일로 간주한다. 그는 아무런 행동도 취하지 않고 묵과하는 것이 더 현명하다는 결론을 내린다. 이러한 블룸의 대범한 시각과 박애주의적 태도는 그의 마음에 평정을 가져다준다. 율리시즈가 페넬로페에게 구애한 자들을 학살함으로써 승리자가 되는 반면, 블룸은 몰리의 구애자들에 대한 증오심을 버리고 용서함으로써 정신적 승리자가 된다. 블룸은 예수와 막달라 마리아(Magdalene)를 회상하면서 25명의 애인을 가졌던 몰리를 용서한다. 만약 블룸이 몰리의 애인들과 투쟁했더라면 그녀와의 관계는 금이 가고 마침내 완전한 결별로 끝났을 것이다. 그래서 블룸은 여전히 불완전한 '폴디'(Poldy)로 남고, 몰리는 여전히 육욕적(肉慾的)인 인물의 상징으로 남게 되었을 것이다.

  블룸이 인간 세계에 대해서 깊은 아량을 가지고 수용의 태도를 취하는 것은 몰리의 마지막 외침인 "Yes"와 일치한다. 모든 것을 자연의 이치에 맡기는 블룸의 대범한 태도는 환상을 통한 정화의 결과이다. 아내의 간통을 묵과하는 블룸의 시각은 이제 개인적·소우주적인 관점에서, 자연을 통한 대우주적 관점으로 변화한다.

자신과의 화해를 통하여 평정을 회복한 블룸은 몰리에게로 돌아갈 결심을 하게 된다. 이때의 몰리는 앞에서 본 관능의 세계를 대변하는 인물이 아니라 여성의 원형(原型)으로서 대지의 여신(Gea-Tellus)으로 변신한다. 몰리가 대지의 여신으로 승화되듯이 이제 블룸은 모든 인간의 가능성을 지닌 자로서의 하나의 원형, 즉 "자궁 속의 성인 남아"(the manchild in the womb)가 된다.

(4) 조화의 추구 — 중용을 통한 극단의 수용(受容)

『율리시즈』에서 하나의 큰 주제를 이루는 것은 상징적 부자관계이다. 율리시즈와 그의 아들 텔레마코스가 서로를 찾아서 헤매듯이, 스티븐과 블룸은 각기 정신적 부자(父子)를 찾기 위해서 더블린 시내를 떠돌아다닌다.

스티븐과 블룸의 만남을 예고하는 일들이 여러 번 일어난다. 「텔레마코스」에서 스티븐이 본 구름("A cloud began to cover the sun slowly")을 「칼립소」에서 블룸도 역시 거의 같은 시각에 목격한다("A cloud began to cover the sun wholly slowly wholly"). 이것은 두 사람이 영적 교섭을 암시하는 것이다. 밤 10시 이 구름은 소나기를 내림으로써 비옥의 상징으로 변화한다. 「프로테우스」에서 스티븐이 뒤에 누군가가 있는 것을 느끼고("Behind. Perhaps there is someone") 뒤를 돌아보았을 때, 세 개의 십자형

돛을 단 배인 로즈비언(Rosevean)호가 입항하는 광경을 목격하는데, 세 개의 돛은 스티븐, 몰리, 블룸을 상징하는 것이다. 또한 꿈에서 "그에게 호의를 보여주는 어떤 남자"는 블룸으로 현실화된다. 「스킬라와 카리브디스」에서 국립도서관 현관에 서 있던 스티븐이 뒤에 누군가가 있는 것을 느끼고 옆으로 비켜설 때, 블룸이 그를 탐내듯 바라보며 지나간다. 이와 같이 스티븐과 블룸은 어떤 영감(靈感)의 교류에 의해서 앞으로 서로의 만남을 예감하게 된다.

이 두 주인공이 우연이지만 실제로 대면하게 되는 것은 산부인과 병원에서이다. 산부인과 병원에서 스티븐과 그의 동료들이 출산에 관한 열띤 논쟁을 벌이고, 소나기가 쏟아지는 가운데 퓨어포이 부인이 아기를 분만한다. 이러한 상징적 배경 하에 스티븐과 블룸이 만나는 것은 이들의 부자 관계의 성립을 암시하는 것이다.

아침 식사 테이블에서, 디그넘의 장례식으로 가는 마차 안에서, 그래프턴가(Grafton Street)에서, 오먼드 바(Ormond Bar)에서, 그리고 산부인과 병원에서 블룸의 의식은 죽은 아들 루디에 대한 생각으로 맴돈다. 「키르케」의 말미에서 블룸이 술에 만취된 스티븐을 보호해 주기 위해서 뒤따라간다. 블룸은 자신이 왜 이러한 행동을 하는지 스스로 의아해 하다가 결국 운명이라 생각한다.

「키르케」에서 스티븐은 죽은 어머니에 대한 "양심의 가책"으로 격심한 환각에 시달린 후에, 술에 취해 영국 병사들과 다투게 된다. 이때 블룸의 도움으로 그는 위기를 모면한다. 땅에 쓰

4. 『율리시즈』— 인간 의식의 파노라마

러져 있는 스티븐의 모습을 보는 순간 블룸은 루디의 환영(幻影)을 보게 됨으로써 이들의 영적(靈的) 부자 관계의 성립은 그 윤곽이 뚜렷해진다.

스티븐은 간밤의 꿈에서 멜론(melon)을 보았던 것을 회상한다. 멜론은 몰리를 상징하는 것으로서, 그녀는 「이타카」에서 대지의 여신으로 변신한다. 대지의 여신은 모든 것을 포용하고 생물에 자양분을 주는 창조의 원천이다. 대지의 여신(또는 몰리)은 어둡고, 사악하며, 탐욕스런 세계를 반영하는 키르케(또는 벨라)와 상극을 이룬다. 따라서 몰리의 상징인 멜론은 여포주 벨라의 마력으로부터 스티븐과 블룸을 보호해 주는 부적이다(符籍)이다.

「키르케」에서 스티븐은 그의 생애에서 매우 중요한 전환점을 맞는다. 『초상』의 그의 일기에서 볼 수 있는 새로운 출발의 결의는 좌절되고 『율리시즈』에 재등장한 그는 방황하기 시작한다. 그는 삶을 향해서 뛰기보다는 삶을 피해서 뛰는 사람처럼 보인다. 사창가에서 스티븐이 블룸을 만나게 되는 것은 스티븐의 앞날을 새로운 방향으로 인도해 주는 중요한 계기가 된다. 이를 기점으로 그는 고립, 유아론적 사고, 자기 연민, 그리고 분열된 자아의 과거에서 벗어나 인생과 예술에 대한 새로운 안목을 가지게 된다. 스티븐과 블룸의 영적 교류는 두 사람을 결속시킬 뿐 아니라 율리시즈의 귀향처럼 이들이 귀가(즉 몰리에게로)하는 계기가 된다.

「에우마이오스」(Eumeus)에서 블룸은 반쯤 의식을 되찾은 스티븐을 '포장마차'(cabman's shelter)로 데리고 간다. "인생의 대학"

(the university of life)에서 공부한 블룸은 스티븐에게 여러 가지 이야기를 들려준다. 이때의 시각은 이튿날 새벽 한 시로서 이 두 사람의 새로운 출발을 암시한다.

블룸은 바아니 키어넌 주점에서 만났던 '시민'에 대한 이야기를 스티븐에게 들려준다. 블룸이 그에게 증오와 폭력이 아닌 사랑을 주장했다고 하자 스티븐은 이에 공감한다. 이때 두 사람의 눈이 서로 마주치면서 서로가 어떤 동질성을 느끼게 된다. 이때 스티븐은 블룸에게서 예수의 모습을 읽게 된다. 육체적 아버지(consubstantial father)를 거부하는 스티븐이 블룸에게서 영적인 아버지(transubstantial father)의 모습을 발견하게 된 것이다.

사랑의 의미를 알려고 노력하던 스티븐은 사랑을 실천하는 블룸을 통해서 마침내 사랑의 의미를 깨닫게 된다. 그는 여태껏 사랑의 참의미를 모르는 예술가였기 때문에 그의 예술은 실패였던 것이다.

스티븐과 블룸은 다같이 교회, 국가, 배타적 애국주의(jingoism)가 인간에게 행사하는 포학행위에 대해서 반발한다. 이것은 역사를 악몽으로 만드는 행위로서 스티븐과 블룸은 이 악몽에서 깨어나려 애쓴다.

블룸은 스티븐에게 모든 일의 양면을 보도록 노력하라고 충고한다. 그리고 블룸은 세상에 대한 자신의 견해를 피력한다. 블룸은 종교의 편협성, 폭력, 정치적·민족적 갈등을 거부하고, 모든 교리와 계층을 포용하고 부(富)가 공평하게 나누어지는 복음주의적인 사회를 주장한다. 이곳은 일하려는 자세만 가진 사람이라면 모두가 잘살 수 있는 곳이다. 이것은 환상의 장(章)인

「키르케」에서 그가 설립한 "새로운 블룸 성지(聖地)"와 같은 곳이다. 블룸은 여기서 20세기 메시아의 모습을 취하고 있다.

포장마차에서 블룸은 스티븐에게 몰리의 사진을 꺼내서 보여준다. 몰리는 블룸에게 어떤 자부심을 느끼게 해주는 존재이기 때문이다. 그리고 스티븐이 갈 곳이 없다는 것을 알고 자기네 집으로 가서 하룻밤 묵고 가라고 한다. 블룸의 이러한 제안의 이면에는 몰리의 마음을 스티븐에게 쏠리게 함으로써 그녀에게서 보일런에 대한 생각을 떨쳐 버리게 하려는 의도가 담겨 있다.

"찬탈당한 자와 오쟁이진 자"(One has been usurped, one cuckolded)는 함께 이클레스가(街) 7번지, 블룸의 집에 도착한다. 블룸은 아침에 열쇠를 두고 나왔으므로 지하실 출입구로 들어가 스티븐을 위하여 대문을 열어 준다. 그리고 두 사람은 부엌으로 들어간다. 몰리에게 아침 식사를 차려 주기 위해 부엌에서 오늘 하루를 시작했던 블룸은 다시 부엌으로 돌아와56) 스티븐에게 대접하기 위하여 코코아(cocoa)를 끓여 온다. 둘은 코코아를 함께 마시면서 얘기를 나눈다. 코코아를 함께 마시는 행위는 영적(靈的) 결합을 상징한다.57) 이렇게 영적으로 결합된 'Bloom'과 'Stephen'은 하나가 되어 "Blephen, Stoom"이 된다.

스티븐이 블룸의 집에서 묵고 가기를 사양하자 블룸은 스티

---

56) 부엌 역시 창조의 이미지를 갖는다. "the kitchen, a place for creating"(W. Y. Tindall, *A Reader's Guide to James Joyce*, p. 222)

57) cocoa는 with-with(함께)의 어원을 지닌다. "Cocoa, celebrating communion, may imply co-co or with-with."(W. Y. Tindall, p. 222)

른을 밖으로 안내한다. 블룸은 촛불을 들고 스티븐은 물푸레나무 지팡이를 짚고 정원으로 나간다. 이때 몰리가 있는 방의 창문에서 불빛이 비치고 있다. 이 불빛을 바라보면서 스티븐과 블룸은 함께 소변을 본다.58) 스티븐은 여태까지 어둠을 좋아하는 경향을 보였다. 이 불빛은 몰리가 어둠 속을 헤매던 스티븐에게 예술가로서의 새로운 앞날을 밝혀 주는 빛이다. 결국, 블룸과 함께 마신 코코아와 몰리의 창문의 불빛은 스티븐이 추구한 목표인 것이다. 또한 이 불빛은 방황하던 블룸을 가정으로 인도하는 길잡이인 것이다. 블룸과 스티븐이 함께 소변을 보는 행위는 현실과 예술 창조의 면에서 불모의 세계를 헤매던 두 사람을 비옥(fertility)과 생명의 세계로 인도함을 암시하는 것이다.

이어서 성 조지(St. George) 성당의 종소리가 2시 반을 알린다. 스티븐은 그의 망모를 생각하게 되고 블룸은 고인이 된 친구 디그넘을 생각하게 된다. 죽음에 대해서 생각하면서 블룸은 몰리의 침대로 향하고 스티븐은 블룸과 헤어진다. 두 사람은 이제 이상과 환상의 세계를 떠나 삶과 죽음의 현실을 직시함으로써 새로운 탄생의 길을 출발하는 것이다.

블룸과의 만남이 있은 후 스티븐은 자아 몰입의 상태에서 벗어나, 사회와 그의 민족의 일상 생활로 눈을 돌리게 된다. 이것은 진정한 예술가로서의 그의 출발을 말해 주는 것이다.59)

---

58) 『율리시즈』에서는 소변 역시 비옥과 생명력의 상징이다.
59) 벅 멀리건(Buck Mulligan)은 이날(1904. 6. 16.) 스티븐에게 [he is going] "to write something in ten years"라고 조롱한다. 『초상』의 끝에는 창작 기간이

「키르케」에서 등장 인물화된 린치의 '모자'(THE CAP)가 "유태 희랍인은 희랍 유태인. 양극단은 통하는 법"(Jewgreek is greekjew. Extremes meet)이라고 말하는데, 이것은 스티븐이 대변하는 헬레니즘(Hellenism)과 블룸이 대변하는 헤브라이즘(Hebraism)의 두 세계를 조화로 이끄는 암시적인 말이다. 지적(知的)이고 예술 지향적인 스티븐과, 정서적이고 실용주의적인 블룸의 세계가 결합되는 것은 헬레니즘과 헤브라이즘의 결합을 의미하며, 여기에 보다 건전하고 균형 잡힌 현대 문명의 세계를 추구하는 작가 조이스의 의도가 담겨져 있기도 하다.

블룸과 스티븐의 만남은 스티븐의 태도에 변화를 줄 뿐 아니라 블룸 부부의 관계에도 영향을 미치게 된다.

블룸이 몰리를 처음 만난 것은 어느 사교 모임에서였다. 그리고 만병초꽃이 우거진 호우드 언덕에서 달콤한 연애 시절을 보냈다. 블룸은 그녀와의 만남을 운명이라 생각한다. 그는 1888년 몰리와 결혼하기 위해 가톨릭으로 전향하였다. 그러나 블룸이 몰리와 육체 관계를 단절한 지는 10년 이상이 된다. 앞에서 보았듯이 외아들 루디의 사망으로 인한 정신적 충격이 그에게 성(性)의 회피라는 결과를 초래한 것이다. 이것은 몰리와 보일런과의 불륜으로 이어져 블룸은 정신적 혼란에서 헤어나지 못한다. 그러나 구심성으로 흐르는 그의 의식의 중심이 항상 몰

1904~1914라고 되어 있고, 『율리시즈』의 끝에는 1914~1921이라고 되어 있다. 따라서 변신한 스티븐이 『율리시즈』를 쓴 것으로 해석할 수 있다. (Edmund Wilson, "James Joyce", ed. William M. Chace, *Joyce : A Collection of Critical Essays*, p. 55)

리임을 두고 볼 때 이들 부부에게 재결합의 가능성이 잠재하고 있었다.

부부 재결합의 가능성은 세 개의 돛을 단 배 로즈비언(Rosevean) 호60)의 입항, 아젠다스 네타임(Agendath Netaim), 멜론 등의 상징적 이미지를 통하여 암시된 바 있다.

에스코트 경마에서 예상을 뒤엎고 우승한 쓰로우어웨이 (Throwaway)호는 블룸과 공통점이 있다. 이 말은 아웃사이더(인기 없는 말)였고, 블룸 역시 더블린 사회에서 아웃사이더이다. 그리고 그는 아내와 사회로부터 '버림받은'(throwaway) 사람이었다. 남근의 상징인 셉터호는 보일런을 상징한다. 보일런이 자신과 몰리를 위해 돈을 건 이 말은 결국은 패배하고 말았다. 레네한이 "약한 자여, 그대의 이름은 셉터이니라"(Frailty, thy name is Sceptre)라고 한 말은 의미 있는 말이다. 보일런이 몰리의 육체를 정복하긴 했어도 결국 아량과 자비를 실천하는 다크 호스 블룸이 최후의 승리자가 된 것이다.

「배회하는 바위들」에서 블룸이 오코넬 다리 위에서 던진 삐라(throwaway)가 리피 강을 따라 바다로 흘러간다. 이것은 「나우시카」에서 그가 자위 행위로 해변에 뿌린 씨앗(throwaway)이 바다로 흘러가는 것과 상징적으로 일치한다. 몰리는 물(바다)의 이미지와 관련되어 비옥과 다산(多産)을 상징하는 인물이다. 이렇게 보면 블룸이 뿌린 씨앗은 몰리(바다)에게 유입되어 이들 부부의 결합을 상징하는 것이다.

---

60) Rosevean의 'Rose'는 몰리를 상징한다.

아젠다스 네타임은 방황하는 유태인을 이스라엘로 인도하는 모세의 약속의 땅(Promised Land)에 대한 인유(引喩)이다. 블룸 역시 더블린 시내를 방황하는 현대의 유태인의 한 사람이다. 그에게 있어서 '약속의 땅'은 바로 아내 몰리이다. 율리시즈가 많은 시련과 오랜 세월을 보낸 후에 그의 '약속의 땅'인 이타카로 돌아오듯이 블룸도 다산과 비옥을 상징하는 그의 처 몰리가 있는 이클레스가(街) 7번지로 돌아온다.

블룸은 현실 속에서 오랜 정신적 방황을 한 후「Circe」에서 격심한 환상을 경험하고, 스티븐과 영적 부자 관계를 이룬 다음, 다시 정화의 세계로 돌아와 평정을 찾게 된다. 여기서 그는 자기의 갈 곳을 생각하게 된다.

    Where?
    ●

—U. 607—

「이타카」는 블룸의 방랑이 끝나는 장(章)이다. 율리시즈가 그의 고향 이타카로 돌아오듯이 블룸은 그의 목적지인 몰리의 침대로 돌아온다. "Where?" 다음의 큰 점은 블룸의 귀착지, 즉 몰리의 육체이다. 이 점(點)은 육체적 결합을 통한 부부의 재결합, 그리고 새로운 출발의 기점이다. 여기서부터 새로운 질서 창조의 비전이 예견된다.

집으로 돌아온 블룸이 스티븐과 함께 몰리의 창문의 불빛을 바라보면서 소변을 볼 때 하늘에서는 한 개의 유성이 나타난다. 이 별은 몰리를 상징하며, 이 별이 거문고 자리의 직녀성(보일런을 상징함)을 가로질러 사자자리의 12궁(리오폴드 블룸을 상징함)을 향하여 돌진하는 것은 몰리가 보이런과의 관계를 끊고 블룸과 재결합하려는 것을 보여주는 천체(天體)의 조화이다. 이어서 블룸은 스티븐을 보내기 위해서 열쇠를 찾아 문을 연다. 앞서 본 바와 같이 열쇠는 권위의 상징임을 상기할 때 블룸은 이제 가장(家長)으로서 권위를 회복한 것이다. 블룸은 남성형 열쇠를 흔들거리는 여성형 자물통의 구멍에다 삽입하여 문을 연다. 여태껏 열쇠를 가지지 못한 블룸이 열쇠를 손에 쥐고 자물통을 여는 행위는 블룸 부부의 성적 재결합을 상징적으로 예고하는 것이다.

    스티븐을 보내고 방으로 돌아온 블룸은 보일런이 다녀간 흔적 — 재떨이, 담배, 성냥개비, 악보, 통조림 고기(potted meat)의 부스러기 등 — 을 본다. 그는 보일런이 흘리고 간 'potted meat'(남근의 상징)의 부스러기들을 치운다. 고요함이 감도는 방 안에서 블룸의 의식은 우주와 별, 오늘에 있었던 일들, 그의 재산 상태, 그가 꿈꾸던 가정, 부유하게 되는 방법, 광고 문제 등으로 표류한다. 이어서 그는 조그마한 솔방울을 꺼내 불을 붙인다. 이것은 율리시즈가 페넬로페를 괴롭힌 자들을 모두 죽이고 난 후 집에 향을 피우는 행위와 대응을 이룬다. 블룸은 불을 붙일 때 아젠다스 네타임의 광고 쪽지를 말아서 사용한다. 아젠다스 네타임은 그의 환상 속의 도피처였으나, 이제 몰리에게 돌아온 블룸에게 이것은 더 이상 필요치 않은 것이다. 이것은 허상(虛像)의 'Promised Land'를 버리고 진정한 'Promised Land',

즉 몰리를 받아들이는 행위로 상징된다.

여태까지 동방 지향적인 환상의 세계를 탐닉했던 블룸은 이제 동서 양반구의 조화된 세계로 눈을 돌린다. 여기서 양반구는 한편으로 몰리의 따뜻하고 풍만한 둔부의 두 부분을 가리킨다. 이것은 젖과 꿀이 흐르는 '약속의 땅'처럼 "분비성 혈액과 배자(胚子)의 온기를 내뿜는" 곳이다. 이것은 대지의 여신과 자연의 상징으로서의 몰리의 이미지와 일치한다. 결국 블룸이 찾아 헤매던 '약속의 땅'은 바로 여기이다. 이곳을 찾기 위해서 그는 '황무지'를 헤매었던 것이다. 이어서 블룸은 멜론, 즉 다산(多産)으로 상징되는 그녀의 둔부에 키스를 한다.

> 그는 그녀의 포동포동하고 부드럽고 노란 색의 향기를 풍기는 수박 같은 엉덩이에 입맞추었다, 포동포동한 수박 모양의 반구(半球)의 양쪽에, 그것들의 부드러운 노란 색 고랑 사이에, 몽롱하고 지속적이며 흥분시키는 수박 냄새 나는 입맞춤으로.
> ─ U. 604 ─

이것은 고향에 돌아온 율리시즈가 기쁨에 넘쳐 대지에 키스한 것과 상응한다. 몰리의 최후의 'Yes'처럼 블룸의 키스는 그가 몰리를 받아들이는 긍정의 표시, 즉 블룸의 'Yes'를 의미하는 것이다.

블룸은 몰리의 둔부에 키스한 후에 성기능을 회복한다. 블룸의 키스로 인해서 졸음의 상태에서 몰리는 약간의 흥분을 느끼고 오늘 그에게 일어났던 일에 대해서 물어 본다. 블룸은 "professor and author"인 스티븐 디덜러스를 만났던 일에 대해서 애기해 준다. 블룸은 스티븐에 대해서 많은 애기를 하는데, 이 것은 몰리의 관심을 그의 정신적인 아들에게 돌리게 하려는 저의가 담겨져 있다. 몰리는 스티븐의 어렸을 적 모습을 회상하게 된다. 그녀가 스티븐을 마지막으로 본 것은 그가 11세였을 때인데, 이것은 지금 살았더라면 11세가 될 루디를 연상시키게 하여 스티븐에 대한 호감이 더욱 커진다. 그녀는 스티븐의 방문에 대비해서 집안을 꽃으로 장식할 계획을 한다. 죽은 루디를 대신하는 스티븐은 이들 부부의 상징적 아들이 된다. 몰리의 의식의 흐름은 스티븐 - 꽃 - 블룸(헨리 플라워)으로 이어진다. 이로써 이 삼자는 원형적(原型的)인 가족을 이룬다.

　이어서 몰리는 1893년 11월 27일(루디가 탄생하기 5주 전)부터 오늘(1904년 6월 16일)까지(10년 5개월 18일 동안) 남편과의 육체적 교접이 끊어진 사실을 인식하게 된다. 한편 블룸은 딸 밀리의 초경(初經)이래 아내와의 정신적 교합이 단절되어 있었음을 인식한다. 딸의 월경의 시작으로 모녀가 같은 여성으로 결속되어 블룸의 행동에 제한을 가한 것이라고 이 에피소드의 설화자는 말하고 있다. 부부의 이러한 인식은 재출발을 위한 발판이 된다.

　이들 부부가 침대에 누워 있는 모양은 상징적 의미가 크다. 블룸은 머리를 침대 발치 쪽으로 하고 몸을 구부려 마치 자궁속의 태아의 자세를 하고, 몰리는 마치 대지의 여신 가이아 텔루스(Gea-Tellus)처럼 풍만한 육체를 모로 하고 누워 있다. 이 두 사람이 누워 있는 모양은 숫자 69의 형태로서 "지구가 변하지 않는 공간 속에서 끊임없이 회전하는 운동에 의하여 양자가 다

함께 서쪽으로 움직이는 운동 상태"로 묘사되고 있다.61) 이것은 블룸과 몰리의 정신적·육체적 결합을 의미하며, 나아가 이 두 사람은 각기 하나의 원형(archetype)을 이룬다. 즉 블룸은 인간의 모든 가능성의 전형인 "자궁 속의 성인 남아"(the manchild in the womb)가 되며, 몰리는 만물의 어머니인 대지의 여신이 된다. 또한 우주적인 차원에서 본다면 이것은 혼돈의 상태에서 (chaos) 새로운 질서의 세계(cosmos)로 나아가는 것을 상징한다. 이렇게 조이스는 이 작품에서 흔히 이원성(二元性)의 주제를 설정하고 있다.

지금까지 스티븐과 블룸이 방황하던 세계가 현실적으로나 정신적으로, 또는 환상적으로 황무지의 세계였다면, 「페넬로페」에서 몰리가 보여주는 세계는 신선하고 생명력에 넘치는 물의 세계이다. 물은 비옥과 생명력의 상징이며 몰리의 세계는 풍요로운 자연의 이미지로 부각된다.62) 40여 쪽에 달하는 몰리의 독백이 구두점 하나 없이 물처럼 흘러간다.

몰리의 내적 독백이 보일런과 그녀의 옛 연인들로 이어지지만 그녀의 의식의 중심은 블룸이 차지한다. 몰리는 보일런 같은 이기주의적인 남성은 그녀가 몹시 열망하는 정서적인 만족

---

61) 서쪽은 일반적으로 죽음의 세계를 상징하지만 여기서는 현실→죽음→재생의 이미지로 볼 수 있다.
62) 몰리는 실내 변기에 소변을 보는데 이때 그녀의 월경으로 인해 피도 함께 배출된다. 『율리시즈』에서 물, 비, 오줌, 차(tea), 피 등의 액체는 모두 다산과 비옥의 상징이다. 또한 그녀의 월경은 그녀가 보일런의 아이를 임신하지 않았다는 증거가 됨으로써 블룸과 몰리의 재결합에 긍정적 요인으로 작용한다고 볼 수 있다.

을 줄 수 없다는 사실을 깨닫게 된다. 그래서 그녀는 성적인 면에서 사자의 힘을 가진 보일런보다는 진정한 사자 리오폴드 블룸(Leopold Bloom)에게 마음을 쏟게 된다. 보일런은 몰리에게 물질적인 선물(복숭아와 포트 와인)을 하는 반면, 블룸은 그녀의 생일이 8일이기 때문이라며 여덟 송이의 양귀비를 선물한 적이 있다. 몰리는 그 일을 회상하면서 남편의 정서적인 면에 마음이 끌린다.

몰리의 의식은 꽃, 풍요로운 대지, 바다, 신(神)으로 흘러가면서 대지의 여신과 자연의 이미지를 한층 더 부각시킨다.

> (……) 난 꽃이 좋아 집안이 온통 장미로 뒤덮였으면 좋겠어 정말이지 자연에 비길 건 아무것도 없지 황량한 산들 그리고 바다 그리고 밀려오는 파도 귀리와 밀 그리고 온갖 것들이 자라고 살찐 소들이 돌아다니는 아름다운 시골 강과 호수 갖가지 모양과 향기와 색깔을 지닌 꽃들을 바라보는 건 정말 기분 좋은 일이야 (……) 그것이 자연이죠 신이 없다고 말하는 사람들은 그들의 학식이 어 넣는산에 난 소금도 그들의 가치를 인정하기 싫이요 왜 그들은 밀 창조하지 않느냐 말이에요 (……)
> —U. 642-643—

그들의 연애 시절 블룸이 몰리에게 첫 키스를 하던 날 그는 몰리를 "산에 핀 꽃"(a flower of the mountain)이라고 불렀다. 여기서 꽃의 이미지와 결부된 몰리와 또 다른 Flower(Henry Flower는 블룸의 가명)인 블룸의 결합은 새로운 낙원("New Bloomusalem")을 여는 계기가 된다.

블룸은 내일 아침이 되면 식사를 침대에 갖다 달라고 몰리에게 부탁한다. 그는 아침 식사로 계란을 주문한다. 계란은 부부애의 상징이다. 오늘 아침 몰리의 요구로 아침 식사를 그녀의 침대에 갖다 준 사실을 돌이켜 볼 때, 블룸은 이제 남편으로서의 권위를 회복한 것이다. 블룸이 아침 식사 때 사 먹은 돼지 콩팥이 유태교에서 말하는 바와 같이 생식 또는 다산에 위배되는 음식이라면, 블룸이 이튿날 아침 식사로 주문하는 계란과 차는 유태인의 율법에 맞는 음식(kosher)에 해당한다. 또한 "sonless, keyless"였던 블룸은 이제 스티븐이라는 영적(靈的)인 아들을 얻고, 남편의 권위의 상징인 열쇠를 되찾았다.

증오보다는 사랑을 주장하는 마음을 가지고 있기 때문에 블룸은 다시 몰리의 침대로 돌아오게 되었고, 또한 이러한 사랑의 태도는 몰리의 마음에 변화를 주어 그녀는 남편을 다시 애정으로 받아들이게 된 것이다. 몰리는 이튿날 아침 식사를 손수 마련해서 남편에게 가져다줄 생각을 하면서 "그이에게 한 번 더 기회를 줘야지"(Ill just give him one more chance)라고 말한다.

몰리의 독백은 블룸과의 여러 가지 추억으로 맴돌다가 만병초꽃이 우거진 호우드 언덕에서 블룸과 연애하던 시절의 아름다운 추억으로 끝이 난다. 몰리에게 진정으로 필요한 것은 보일런의 "potted meat"가 아니라 블룸이 호우드 언덕에서 그녀의 입 속에 넣어 준 "seedcake"인 것이다. 「칼립소」에서 블룸을 거부하는 몰리의 말 "Mn"은, 「페넬로페」에서 그녀의 블룸에 대한 긍정, 생에 대한 긍정, 그리고 새로운 비전을 예시하는 단어

"Yes"로 바뀌어 『율리시즈』는 대단원의 막을 내린다.

> (……) 난 그이에게 눈으로 졸라댔지 다시 한 번 요구하도록 말이야 그랬지 그러자 그이는 내게 말했지 나의 야생화여 그러세요 라고 말하겠느냐고 그리고 난 처음으로 팔로 그이의 몸을 감았지 그랬지 그리고 그이를 끌어당겼지 그이가 온갖 향기가 풍기는 나의 젖가슴을 감촉할 수 있도록 말이야 그래 그러자 그이의 심장이 미칠 듯이 마구 뛰었지 그리고 그렇지 난 그러세요하고 말했지 난 그렇게 하겠어요 네.
>
> —U. 644—

『율리시즈』는 이야기가 진행되면서 역사에서 자연으로 그 소재가 바뀌어 간다. 몰리는 육체의 세계에서 자연의 세계를 대변하는 인물로 변신하며, 블룸을 만난 후부터 스티븐은 자아 몰입의 상태에서 외부와 자연으로 눈을 돌리게 된다. 『초상』에서의 묘사처럼 예술가는 자연을 창조하는 신과 같이 전지적 시점(全知的 視點)을 지녀야 하기 때문이다. 또한 블룸은 모든 이치를 자연의 흐름에 맡기는 인물이다.

스티븐이 물푸레나무 지팡이를 높이 쳐들어 벨라의 샹들리에를 부수어 버릴 때 세계는 암흑에 갇히고 시간은 종말을 고하고 모든 공간은 폐허가 된다. 그의 이러한 파괴 행위는 과거를 청산하고, 무질서 속에서 질서와 창조의 세계로 나아가는 기점이 된다. 블룸은 자신을 "아무도 아닌 사람"(Noman)이라고 말한다. 이것은 무(無)에서 유(有)로, 즉 무한의 세계에서 그가 새로이 탄생함을 암시해 주는 것이다. 이것과 관련하여 조이스는 블룸은 "깊은 밤"(Alta Notte)으로, 스티븐은 "새벽"(Alba)으로 향하고 있다고 하였다.

「이타카」의 말미에 "Where?" 다음에 찍혀 있는 큰 점은, 소우주적으로는 몰리의 육체를 상징하며, 대우주적으로는 블룸이 무한의 세계로 향하는 것을 상징한다.

몰리의 의식이 끊임없이 이어지는 「페넬로페」는 8개의 긴 문장으로 되어 있다. 8이라는 숫자는 몰리의 생일(9월 8일),[63] 그리고 그녀의 육체(음부)를 상징하며, 또한 이 숫자를 옆으로 누이면 ∞, 즉 무한의 상징이 되기도 한다.[64] 이것은 블룸이 무한(또는 영원)의 세계로 진입하여 재생 또는 부활함을 암시한다. 『피네간의 경야』(*Finnegans Wake*)의 제8장은 또 하나의 몰리의 이미지를 부각시키는 안나 리비아 플루라벨(Anna Livia Plurabelle)의 이야기로서 재생의 주제가 되풀이되는 장이다.

조이스는 인간의 의식 속에 맴도는 수많은 기억의 단편들을 하나의 큰 구조 속에 결합하여 그 조화를 추구하고자 하였다. 『율리시즈』에는 인간의 거의 모든 요소들이 내포되어 있다. 이 작품의 시간 배경이 되고 있는 6월 16일은 블룸스데이(Bloomsday)로 제정되어 세계 문학의 축제일이 되고 있다. 블룸스데이는 'everymansday'이자 'everywomansday'가 되는 날이다.

---

[63] 이날은 또한 Virgin Mary의 생일이기도 하다. 이것은 블룸에게는 몰리가 영원한 처녀 같은 존재임을 암시한다.
[64] 조이스는 「페넬로페」를 "indispensable countersign to Bloom's passport to eternity"라고 하였다.(James Joyce, *Letters*, I, 160.)

조이스의 모습이 그려져 있는 아일랜드 10파운드짜리 지폐(앞면)
(뒷면에는 안나 리비아 플루라벨에게 바치는 찬사가 씌어 있다.)

4. 『율리시즈』 — 인간 의식의 파노라마

조이스의 모든 작품은 더블린이라는 현대의 한 도시를 축도로 하여 현대 역사가 보여주는 허구성과 무질서의 파노라마 속에서 어떤 새로운 질서를 부여하려는 대주제를 반영하고 있다. 각 작품은 서로 연관성을 가지고 마치 한 권의 거대한 책인 양 조이스가 추구하는 대우주적 주제로 이어진다.

　결국 『율리시즈』에서 조이스가 지향하는 세계는 스티븐이 대변하는 예술, 몰리가 대변하는 자연, 그리고 블룸이 대변하는 사랑의 세계인 것이다. 조이스는 예술은 자연의 필수적인 한 부분임을 강조하는 작가이다. 자연과 예술은 분리될 수 없는 것이며, 자연과 예술의 궁극적인 의미는 사랑인 것이다. 세 주인공이 자아에서 해방되어 변신하게 된 것은 그들이 사랑의 의미를 터득했기 때문이다. 예술, 자연, 사랑을 통하여 세 주인공이 결합된 세계는 삼위일체를 이루며, 이것이「키르케」에서 블룸이 예언한 "새로운 블룸 성지"(New Bloomusalem)인 것이다.

5

『피네간의 경야』
― 문학의 최고봉 ―

> 수백 가지의 근심, 수천 가지의 고통,
> 그런데 그 누가 나를 이해해 줄 수 있을까?
> 천년의 밤이 지난다면 그 누군가?
> ―『피네간의 경야』 중에서

『피네간의 경야(經夜)』(*Finnegans Wake*)는 "영어로 쓰여진 가장 난해한 작품"이며 문학의 최고봉이다. 그리고 이러한 명성은 앞으로 오랫동안 유지될 것이다. 이 작품은 조이스가 『율리시즈』를 마무리지은 후 1923년 3월에 착수하여 17년 후에야 완성을 본 조이스 문학의 집대성이다. 그의 인생에서 "최대의 비극"이었던 딸 루시아의 정신착란증, 아홉 번의 눈 수술, 실명의 위기를 겪으면서도 조이스는 이 작품의 완성에 심혈을 기울였다.

제목 중에서 "Finnegan"은 작자 미상의 아일랜드 민요에 나오는 팀 피네간(Tim Finnegan)의 이름에서 따온 것이다. 피네간은 벽돌을 나르는 인부로 술을 좋아한다. 어느 날 그는 만취된 상태에서 일을 하다가 사다리에서 떨어져 죽는다. 그래서 조객들이 경야(經夜; wake : 죽은 사람의 관 곁에서 밤을 새우는 일)를 하는 데, 이들 중 한 사람이 실수로 위스키를 시체에 엎지르자 피네간은 평소에 좋아하던 술 냄새를 맡고 소생한다는 것이 이 민요의 내용이다.

"Finnegan"은 프랑스어 Fin(종말)과 영어 again(다시)이 결합된 말로서,65) 주인공이 죽은 후 다시 부활하는 것을 상징한다. 즉 핀은 다시 깨어난다(Finn-again-wakes). 『피네간의 경야』의 주제는 제목이 암시하듯 부활 또는 재생이다. 이 작품은 18세기 이탈리아 철학자 지암바티스타 비코(Giambattista Vico)의 역사순환론을 구성의 바탕으로 삼고 있다. 비코의 이론은 인류의 역사는 신권정치(神權政治)의 시대로부터 시작하여 그 다음에 귀족정치의 시대가 오고, 이어서 민주정치의 시대가 오며, 다음에는 혼돈(Chaos)의 시대가 와서 세계는 파멸을 맞게 되며, 파멸을 맞은 인류는 다시 초자연적인 힘의 필요성을 느껴 다시 신권정치로 돌아가는 사이클을 이루게 된다는 것이다. 『피네간의 경야』도 비코의 역사 순환의 네 단계처럼 4부로 구성되어 있고, 4부는 각각 4장으로 나누어져 있다. 윌리엄 요크 틴들(W. Y. Tindall)은 이 작품을 네 부분으로 나누어 "인간의 타락"(The Fall of Man), "갈등"(Conflict), "인간 중심 시대"(Humanity), 그리고 "부활"(Renewal)로 나누어서 설명하고 있다.66) 이것을 한 개인에 적용하면 탄생 - 결혼 - 죽음 - 부활의 사이클이 된다.

인생이란 계속 반복되는 흐름이라는 주제를 담고 있는 이

---

65) "Finnegans"는 아포스트로피가 없는 소유격이면서 복수명사의 기능을, "Wake"는 동사와 명사 이중의 기능을 한다.
66) W. Y. Tindall, *A Reader's Guide to James Joyce*, pp. 265-296.

작품은 시작도 없고 끝도 없이 하나의 원형(圓形)을 이룬다. 『율리시즈』의 「페넬로페」에서 강물처럼 흘러가는 몰리의 독백의 연속인 양, 『피네간의 경야』의 첫 구절은 "riverrun, past Eve and Adam's..."로 시작한다. 그리고 끝 구절은 "A way alone a last a loved a long the"로 되어 있다. 그래서 마지막 단어 "the"가 첫 단어 "riverrun"에 연결된다. 즉 비코가 말한 역사의 순환 구조처럼 시작과 끝이 없는 셈이다. "riverrun"은 물의 순환 과정을 나타낸다. 바다 - 구름 - 비 - 강 - 바다로 순환하는 물은 조이스 문학 전반에 걸쳐 생명력을 상징한다.

『율리시즈』가 낮의 소설이고 인간의 의식을 다룬 소설인 반면 (「키르케」를 제외하고는), 『피네간의 경야』는 밤의 소설이며 인간의 무의식과 잠재의식을 다루고 있다. 조이스는 『율리시즈』에서 인간 의식의 파노라마를 펼쳐 나가며, 『피네간의 경야』에서는 인간의 의식을 총체적으로 포괄하려는 시도를 하고 있다. 이 작품은 주인공 험프리 침던 이어위커(Humphrey Chimpden Earwicker; HCE)의 초저녁부터 새벽까지 계속되는 꿈 이야기의 형태를 취한다. 꿈에서는 시간과 공간의 순서가 존재하지 않으며, 개인의 정체(正體)는 혼란을 일으킨다. 조이스는 '집단 무의식의 꿈'(dreams of the collective unconscious)의 형식으로 이 작품을 쓰고 있다.

『피네간의 경야』는 한 아일랜드의 가족인 이어위커(Earwicker) 가(家)에 관한 이야기이지만 이것은 기본 골격에 불과하며, 이 작품 속에 소우주적인 인류 역사를 담고자 하는 것이 작가의 의도이다. 등장 인물들은 이름과 형상을 달리하여 세계 역사상 각기 상이한 시대에 반복하여 등장한다. 이렇게 하여 작가는 한 인간에게는 수많은 타인들의 속성이 내재되어 있다는 것을 나타내고자 하였다.

가장(家長)인 험프리 침던 이어위커는 더블린 외곽에 있는 채프리조드(Chapelizod)67)에서 술집을 경영한다. 그 옆에는 리피(Liffey) 강이 흐르고 피닉스(Phoenix) 공원이 있다. 그는 과거에 피닉스 공원에서 소녀들과 불륜의 관계를 가짐으로써 죄의식에 시달린다. 그의 행위는 원죄로 간주되기도 한다. 또한 그의 딸 이사벨(Isabel; Issy)과 근친상간을 범하고 싶은 무의식적인 욕망을 갖고 있지만 의식적으로 이를 억제한다. 이러한 죄의식으로 그는 역사상 불륜의 관계를 가진 많은 인물들과 연관되어 있다.

HCE는 모든 시대에 있어서 모든 남성의 속성을 대변하는 원형적(原型的) 인물이 된다. 그의 별명 "Here Comes Everybody"는 그의 변화무쌍한 모습을 말해 준다. 그는 『율리시즈』의 리오폴드 블룸처럼 만인(萬人)의 세계를 대변한다. HCE는 신(God)이 되기도 하고, 아담, 아브라함, 롯(Lot), 노아, 시이저, 오스카 와일드, 험프티 덤프티(Humpty Dumpty)68) 등 여러 역사적·가공적 인물로 변용되기도 하고, 조이스 자신이 되기도 한다. 조이스의 윤회 사상을 엿볼 수 있는 부분이다.

그의 처는 안나 리비아 플루라벨(Anna Livia Plurabelle)이라는

---

67) 더블린 서쪽 3마일 지점에 있는 교외. 트리스탄(Tristan)과 이졸데(Isolde)의 전설과 관련이 있는 곳이다.
68) 영국 전래의 민간 동요집에 나오는 커다란 계란 모양의 인물로 담장에서 떨어져 깨짐; 한번 넘어지면 일어서지 못하는 사람.

이름을 갖고 있다. 리비아(Livia)는 생명력의 상징이며, 그녀는 더블린을 거쳐서 바다로 흐르는 리피(Liffey) 강 자체로 변용(變容)되기도 한다. 플루라벨(Plurabelle)은 그녀가 한 여성(Anna)으로서의 역할을 넘어서 많은 여성의 역할을 하는 것을 암시하며, 그녀는 영원한 여성의 대변자가 된다. HCE가 호우드(Howth)를 위시한 모든 산들로 변용하듯이 그녀는 모든 강의 화신으로 묘사되어 있다. 제8장인 「A. L. P.」(Anna Livia Plurabelle)에서는 600개 이상의 강 이름으로 그녀를 묘사하고 있다. 그녀는 조이스의 부인 노라, 성모, 이브, 클레오파트라, 셰익스피어의 아내 앤 하사웨이(Ann Hathaway), 노아의 아내 등으로 변용한다.

이어위커가(家)의 자식들도 여러 가지 인물의 역할을 한다. 딸 이시(Issy)는 이브(Eve), 오필리어(Ophelia), 줄리엣(Juliet), 이졸데(Isolde), 클레오파트라(Cleopatra) 등 유혹녀 타입의 젊고 아름다운 여성의 대변자 역할을 한다. 쌍둥이 아들 솀(Shem)과 쇼온(Shaun)은 마치 카인(Cain)과 아벨(Abel)처럼 항상 적대 관계에 있다. 이 형제는 상반된 두 힘의 상징이다. 솀은 스티븐 디덜러스처럼 예술가형이고, 쇼온은 물질적이며 세속적인 인간형으로 『율리시즈』의 벅 멀리건(Buck Mulligan) 타입이다. HCE와 ALP는 부성(父性)과 포용력으로 이들의 대립적인 양극단을 조화시키는 역할을 한다. 그 밖에 HCE의 주점에서 밤늦도록 술을 마시며 남의 험담을 즐기는 12명(십이 사도의 숫자)의 남자 손님이 등장한다. HCE의 경야(經夜) 때 조객이었던 이들은 HCE의 죄를 심판하는 심판관으로 바뀐다. 조이스는 등장 인물들의 변용을 통해서 반복하는 역사, 인간의 흥망성쇠, 죽음과 부활 등의 복합적인 주제를 이 작품에 담고자 하였다.

『피네간의 경야』가 어떤 스토리를 담고 있는가 하는 것은 별 의의가 없을는지도 모른다. 조이스는 내용보다 언어에 더 치중하였기 때문이다. 조이스는 동음이의(同音異義)의 익살(pun), 두음 전환(頭音轉換; spoonerism), 그리고 혼성어(portmanteau)와 의성어(onomatopoeia)를 이용한 신조어(coinage) 등 여러 가지 언어의 유희(word play)를 함으로써 거기에서 생기는 연상적(聯想的) 의미를 독자들이 즐기도록 했다. 또한 말의 음조와 리듬을 중시하고 문법을 무시하는 경우가 많다. 조이스는 17여 개 국의 언어를 혼용하여(여기에는 중국어와 일본어도 포함된다) 단어나 문장을 조합(組合), 마치 프리즘의 스펙트럼처럼 여러 가지 의미를 동시에 도출해 낼 수 있도록 하였다. 6만 4천여 개의 어휘를 구사하고 있는 이 작품은 그야말로 "언어의 혁명"(revolution of word)이다.[69] 표현마다 여러 가지 연상(聯想)을 불러일으키게 하며, 그 속에 상징적 의미가 내포되어 있기 때문에 여러 가지 해석이 가능하다. 다음은 리피 강에서 빨래하는 두 여인의 이야기인 제 1 부 8장 「A. L. P.」에 나오는 한 문장이다.

    And what was the wyerye rima she made! O det! O det!\[70]

    그리고 그녀는 얼마나 따분한 시(詩)를 썼던가 말이야! 오 저런! 오 저런!

---

69) 김종건, 『피네간의 경야 : 번역과 해설』(정음사, 1985), p. 14.
70) James Joyce, *Finnegans Wake*(Harmondsworth : Penguin Books Ltd., 1976), p. 200.

"wyerye"는 운율 또는 시(詩)인 rhyme, weary(따분한), 두 개의 강 이름인 Wye 강과 Rye 강의 결합, 그리고 watery(물의) 등의 의미를 동시에 도출할 수 있는 조어(造語)이다. "rima"는 이탈리아어로서 영어의 rhyme을 의미한다. "O det!"는 본래의 의미 "오 저런!"(O that)에다 ode, odette(송가) 그리고 Oder 강 등의 결합이다.71)

『피네간의 경야』는 이와 같은 언어의 수수께끼로 가득 차 있다. 이 작품은 '장례식'(funeral)에 관한 이야기이다. 조이스의 말장난으로 'funeral'은 'fun for all'(모든 이들에게 주는 기쁨)로 둔갑한다. 여러 가지 색실로 엮은 실타래처럼 한 단어, 한 구절, 한 문장마다 갖가지 의미가 숨어 있다. 이 색실을 한올 한올 뽑아 내어 그 오묘한 함의(含意)를 파악할 수 있으면, 때로는 놀라움을, 때로는 폭소를 자아내게 될 것이다. 이것이 작가 조이스가 의도한 바이지만 워낙 난해한 작품이라 그 접근에는 아직 한계가 있다. 이 작품의 번역이 가능한가 하는 의문도 제기될 수 있나. 번역하러면 하나의 텍스드에 수 개의 번역본이 니와야 할 것이다.

---

71) Walton A. Litz, *James Joyce*(New York : Twayne Publishers Inc., 1963), pp. 174-176.

연보 및 연구 자료

1. 작가 연보

1882	2월 2일, 더블린에서 지방세 징수관 존 스태니스라우스 조이스(John Stanislaus Joyce)와 메리 제인 조이스(Mary Jane Joyce) 사이의 10남매 중 장남으로 출생.
1888	9월, 예수회의 기숙사제 초등학교인 클론고우즈 우드 칼리지(Clongowes Wood College)에 입학.
1891	아일랜드의 민족 지도자 파아넬(C. S. Parnell)을 추모하는 시(詩) 〈힐리여 너마저!〉(Et Tu, Healy!)를 쓰다. 경제적 어려움 때문에 클론고우즈 우드 칼리지에서 자퇴하다.
1893~8	역시 예수회 계통의 학교인 벨비디어 칼리지(Belvedere College)에 4학년으로 전학. 여러 차례 상을 타는 등 우수한 성적을 보이다.
1898	벨비디어 졸업. 더블린의 유니버시티 칼리지(University College)에 입학.
1899	예이츠의 『캐들린 백작 부인』(The Countess Cathleen)을 비난하는 항의 서명 운동에 가담하기를 거부.
1900	「연극과 인생」(Drama and Life)이라는 제목의 논문을 발표. 논문 「입센의 신극」(Ibsen's New Drama)이 런던에서 발간되는

	『포오트나이트리 리뷰』(*Fortnightly Review*) 지에 게재됨.
1901	아일랜드 극장의 지방성을 비난하는 수필 〈소요의 날〉(The Day of Rabblement)을 발표.
1902	현대 언어를 연구하여 유니버시티 칼리지에서 학사 학위 취득. 의학 공부를 하기 위해 파리로 떠남.
1903	파리에서 의학 공부에 흥미를 잃고, 『데일리 익스프레스』(*Daily Express*) 지에 23편의 서평을 씀.
	4월 10일 모친이 위독하다는 전보를 받고 더블린으로 돌아옴.
	8월 13일 모친 사망.
1904	〈예술가의 초상〉(A Portrait of the Artist)이라는 자서전적인 에세이를 씀. 『스티븐 히어로』(*Stephen Hero*)의 초안을 잡다(이를 개작한 것이 『젊은 예술가의 초상』이 된다). 3월에 도오키(Dalkey)에 있는 클리프턴 스쿨(Clifton School)에 교사로 취직, 6월 말까지 재직.
	6월 10일, 노라 바아나클(Nora Barnacle)을 만나 사랑에 빠짐. 그는 결혼을 형식적인 인습이라 반대함으로써 더블린에서 노라와 함께 살 수 없게 되자 유럽으로 떠나기로 결심.
	10월 8일, 노라와 더블린을 떠나 런던과 취리히를 거쳐 폴라(Pola)에 도착한 뒤, 그곳 버얼리츠(Berlitz) 학교에서 영어 교사로 재직.
1905	3월에 트리에스테(Trieste)로 이주.
	7월에 아들 조지오(Giorgio) 출생.
	9월 그랜트 리처즈(Grant Richards)가 『더블린 사람들』의 출판을 거부함으로써 이 작품의 출판 문제를 놓고 긴 투쟁이 시작됨.
1906	7월에 로마로 이주, 이듬해 3월까지 그곳 은행에서 일함.
1907	트리에스테로 돌아와 버얼리츠에서 영어를 가르침. 『실내악』 출판. 딸 루시아 안나(Lucia Anna) 출생.
1909	8월, 고국 아일랜드를 방문.
	9월, 트리에스테로 돌아와 동업자를 구한 뒤 12월, 더블린에

1910	서 볼타(Volta) 영화관을 개관함. 1월, 트리에스테로 돌아옴. 극장 사업은 실패로 돌아가 매각 처분함. 7월, 영국 왕을 비난한 부분 때문에 모온슬 출판사(Maunsel & Co.)로부터 『더블린 사람들』의 출판 취소 통고를 받음.
1912	그의 가족과 함께 더블린을 방문(이것이 그의 마지막 고국 방문이 됨). 『더블린 사람들』의 출판을 재차 설득하였으나 실패로 돌아감. 그 울분을 참지 못해 트리에스테로 돌아오는 길에 〈분화구에서 나오는 가스〉(Gas from a Burner)라는 시를 씀.
1913	예이츠를 통해서 에즈라 파운드와 교제를 시작함.
1914	『젊은 예술가의 초상』이 『에고이스트』(*Egoist*) 지에 연재되기 시작함. 『더블린 사람들』이 6월에 마침내 출판됨. 『율리시즈』와 희곡 『추방된 사람들』을 쓰기 시작. 8월 제1차 세계대전 발발.
1915	6월, 중립국 스위스로 떠남. 8월 예이츠, 에즈라 파운드 등의 도움으로 영국 왕실 문학 기금의 보조를 받음.
1916	12월 29일, 『젊은 예술가의 초상』이 뉴욕에서 출판됨.
1917	안질이 악화, 최초의 눈 수술을 받음. 수술 후 회복을 위해 스위스의 로카르노(Locarno)로 요양을 감.
1918	3월, 뉴욕의 『리틀 리뷰』(*Little Review*) 지에 『율리시즈』를 연재하기 시작. 『추방된 사람들』이 5월 25일에 출판됨.
1919	10월, 트리에스테로 되돌아와 다시 영어를 가르치면서 『율리시즈』 집필에 몰두함.
1920	에즈라 파운드의 권유로 7월에 파리로 이주. 10월에 뉴욕의 '사회악방지위원회'(The Society for the Suppression of Vice)의 고발로 『율리시즈』의 『리틀 리뷰』 지 연재가 중단됨.

1922	2월 2일, 그의 40회 생일에 파리의 셰익스피어 출판사 (Shakespeare & Co.)에서 『율리시즈』가 출판됨.
1923	"진행 중인 작품"(Work in Progress)이라는 가제(假題)로 『피네간의 경야』를 쓰기 시작함.
1924	허버트 고오먼(Herbert Gorman)이 쓴 그의 전기『제임스 조이스의 반생기』(James Joyce : His First Forty Years)가 3월에 출판됨.
1927	『율리시즈』의 대부분이 뉴욕에서 도재(盜載)되기 시작하자 이에 항의하는 운동이 전개됨. 각국의 저명인사들이 이 항의 운동에 서명함. 7월에 시집 『한 푼 짜리 시들(Poems Penyeach)』이 출판됨.
1928	"진행 중인 작품"의 일부분이 저작권 보호를 위하여 뉴욕에서 책자로 출판됨.
1929	『율리시즈』가 프랑스어로 번역되어 출판됨.
1930	취리히에서 여러 차례 눈 수술을 받음. 웨일즈와 잉글랜드를 방문.
1931	5월, 가족과 함께 런던을 여행함. 7월 4일, 상속에 따르는 법적인 문제를 피하기 위하여 런던의 한 호적 등기소에서 노라와 정식으로 결혼식을 올림. 9월, 파리로 돌아옴. 12월 29일, 부친 존 스태니스라우스 사망.
1932	2월 15일, 손자 스티븐 조이스 출생. 이날 〈이 아이를 보라〉(Ecce Puer)라는 시를 씀. 3월에 딸 루시아가 정신분열증 증세를 보임.
1933	12월 6일, 뉴욕에서 판사 존 울지(John M. Woolsey)가 『율리시즈』가 외설이 아니라는 판결을 내림으로써 미국에서 출판의 길이 열림.
1934	『율리시즈』가 뉴욕 랜덤 하우스사(Random House Inc.)에서 출판됨.
1937	파리에서 개최된 P. E. N. 대회에서 연설함.
1939	『피네간의 경야』가 5월 4일 런던과 뉴욕에서 출판됨.

1940	제2차 세계대전 발발. 허버트 고오먼이 쓴 전기 『제임스 조이스』가 뉴욕에서 출판됨. 프랑스 함락으로 그의 가족은 취리히로 이주함.
1941	복부 수술을 받은 뒤 1월 13일 취리히에서 사망. 1월 15일 취리히의 플룬테른 공동묘지(Fluntern Cemetery)에 안장됨.

2. 연구 자료

1) 제임스 조이스의 작품

Joyce, James. *Ulysses*. Harmondsworth : Penguin Books Ltd., 1986.
_____. *Ulysses*. New York : Random House, 1961.
_____. *A Portrait of the Artist as a Young Man*. Harmondsworth : Penguin Books Ltd., 1969.
_____. *Dubliners*. New York : Ramdom House, 1954.
_____. *Finnegans Wake*. Harmondsworth : Penguin Books Ltd., 1976.
_____. *The Letters of James Joyce*. Vol. I. ed. Stuart Guilbert. New York : The Viking Press, 1957.
_____. *The Letters of James Joyce*. Vols. II and III. ed. Richard Ellmann. New York : The Viking Press, 1966.
_____. *Selected Letters of James Joyce*. ed. Richard Ellmann. New York : The The Viking Press, 1975.
_____. *Stephen Hero*. New York : New Directions Publishing Co., 1963.

2) 연구 자료

Adams, Robert Martin. *Surface and Symbol : The Consistency of James Joyce's "Ulysses"*. New York : Oxford Univ. Press, 1962
_____. *After Joyce*. New York : Oxford Univ. Press, 1977.

Anderson, Chester G. *James Joyce and His World*. New York : The Viking Press, 1968.

Attridge, Derek. ed. *The Cambridge Companion to James Joyce*. Cambridge : Cambridge Univ. Press, 1990.

Benstock, Bernard. ed. *The Seventh of Joyce*. Bloomington : Indiana Univ. Press, 1982.

Benstock, Shari and Bernard Benstock, *Who's He When He's at Home*. Chicago : Univ. of Illinois Press, 1980.

Blamires, Harry. *The New Bloomsday Book*. New York : Rourtledge, 1988.

Bolt, Sidney. *A Preface to James Joyce*. New York : Longman House, 1981.

Boone, Joseph Allen. "A New Approach to Bloom as 'Womanly Man' : The Mixed Middling's Progress in *Ulysses*". *James Joyce Quarterly*, 20(Fall 1982), 67-85.

Bowen, Jack and F. Carens. ed. *A Companion to Joyce Studies*. Westport, Connecticut : Greenwood Press, 1984.

Brown, Richard. *James Joyce and Sexuality*. New York : Cambridge Univ. Press, 1985.

Budgen, Frank. *James Joyce and the Making of "Ulysses"*. Bloomington: Indiana Univ. Press, 1960.

Chace, William M. ed. *Joyce: a Collection of Critical Essays*. Englewood Cliffs N. J. : Prentice-Hall Inc., 1974.

Deming, Robert H. ed. *James Joyce: The Critical Heritage*, Vols. I. II. London : Routledge & Kegan Paul Ltd., 1970.

Dundes, Alan. "Re: Joyce --NO IN AT THE WOMB". *Modern Fiction Studies*, 8 (Summer, 1962), 137-147.

Ellmann, Richard. *James Joyce*. London : Oxford Univ. Press, 1982.

_____ . *Ulysses on the Liffey*. New York : Oxford Univ. Press, 1972.

_____ . "Finally, the Last Word on *Ulysses*: The Ideal Texts and Portable Too", *The New York Times Book Review*. June 15, 1986. pp. 3, 37.

Fitzpatrik, William P. "The Myth of Creation: Joyce, Jung, and *Ulysses*". *James Joyce Quarterly*, 11(Winter 1974), 123-144.

Fogel, Daniel Mark. "Symbol and Context in *Ulysses* : Joyce's 'Bowl of Bitter Waters' and Passover". *A Journal of English Literary History*, 46(1979), 710-721.
French, Marilyn. *The Book as World*. London : Sphere Books Ltd., 1982.
Gilbert, Stuart. *James Joyce's "Ulysses"*. New York : Viking Books, 1958.
Gifford, Don, with Robert J. Seidman. *Notes for Joyce*. New York : E. P. Dutton & Co. Inc., 1974.
Goldberg, S. L. *Joyce*. New York : Capricorn Book, 1972.
Gordon, John. *Finnegans Wake : A Plot Summary*. Dublin: Gill and Macmillan Ltd., 1986.
Hart, C. & D. Hayman eds. *James Joyce's "Ulysses" : Critical Essays*. Univ. of California Press, 1977.
Henke, Suzette A. *James Joyce and the Politics of Desire*. London : Routledge, 1990.
Herring, Philip F. "The Bedsteadfastness of Molly Bloom". *Modern Fiction Studies*, 15(Spring, 1969), 49-61.
Hodgart, Matthew. *James Joyce*. London : Routledge & Kegan Paul Ltd., 1978.
Holzer Charlotte Roth. *Limp Father of Thousands : The Fertility Theme in James Joyce's "Ulysses"*. Diss. Columbia Univ. 1983. Ann Arbor: UMI, 1991.
Homer, *The Odyssey*. trans. and ed. Albert Cook. New York : W. W. Norton & Company, Inc., 1974.
Humphrey, Robert, *Stream of Consciousness in the Modern Novel*. Univ. of California Press, 1954.
Kenner, Hugh. *Ulysses*. Baltimore : The John Hopkins Univ. Press, 1987.
_____ . *Dublin's Joyce*. New York : Columbia Univ. Press, 1987.
Kimball, Jean. "Family Romance and Hero Myth : A Psychoanalytic Context for the Paternity Theme in *Ulysses*". *James Joyce Quarterly*, 20(Winter, 1983), 161-173.
Litz, Walton A. *James Joyce*. New York : Twayne Publishers Inc., 1963.
Loux, Ann Kimble. "'Am I Father? If I were' : A Trinitarian Analysis of the Growth of Stephen Dedalus in *Ulysses*". *James Joyce Quarterly*, 22(Spring

1985), 281-296.

Lyman, Stephany. "Revision and Intention in Joyce's 'Penelope'". *James Joyce Quarterly*(Winter 1983), 193-199.

Maddox, Brenda. "Joyce, Nora and the Word Known to All Men". *The New York Times Book Review*, May 15, 1988. pp. 1, 32.

Marre K. E. "Experimentation with a Symbol from Mythology : The Courses of the Comets in the Ithaca Chapter of *Ulysses*". *Modern Fiction Studies*, 3 (Autumn 1974), 385-390.

McCarthy, Patrick A. *Ulysses, Portals of Discovery*. Boston : Twayne Publishers, 1990.

McCormark, W. J. & Stead, Alistair. ed. *James Joyce and Modern Literature*. London : Routledge & Kegan Paul Ltd., 1982.

Nabokov, Vladimir. *Lecture on Literature*. ed. Fredson Bowers. New York : A Harvest/HBJ Book, 1980.

Parrinder, Patrick. *James Joyce*. New York : Cambridge Univ. Press, 1987.

Peake, C. H. *James Joyce : The Citizen and the Artist*. Stanford, California : Stanford Univ. Press, 1977.

Sawyer, Thoman, "Stephen Dedalus's Word". *James Joyce Quarterly*, 20(Winter 1983), 201-208.

Schechner, Mark. *Joyce in Nighttown*. Berkeley : California Univ. Press, 1977.

Sharpe, Garold. "The Philosophy of James Joyce". *Modern Fiction Studies*, 9(Summer 1963), 121-126.

Siegel, Carol. "Venus Metempsychosis and Venus in Furs : Masochism and Fertility in *Ulysses*". *Twentieth Century Literature*, 33(Summer 1987), 171-195.

Staley, Thomas F. & Bernard Benstock. *Approach to "Ulysses"*. Univ. of Pittsburgh Press, 1970.

Steinberg, Erwin R. *The Stream of Consciousness and beyond in "Ulysses"*. Univ. of Pittsburgh Press, 1973.

Steppe, Wolfhard with Hans Walter Gabler. *A Handlist to James Joyce's "Ulysses"*. New York : Garland Publishing Inc., 1986.

Tindall, William York. *A Reader's Guide to James Joyce*. New York : Farrar,

Straus & Giroux, 1978.

Thornton, Weldon. *Allusions in "Ulysses"*. Chapel Hill : The Univ. of North Carolina Press, 1982.

Tucker, Rindsey Ann Sale. *Stephen and Bloom at Life's Feast : Alimentary Symbolism and the Creative Process in James Joyce's "Ulysses"*. Diss. University of Dalaware 1981. Ann Arbor : UMI, 1991.

Walcott, William. "Notes by a Jungian Analyst on the Dream in *Ulysses*." *James Joyce Quarterly*, 9(Fall 1972), 37-48.

White, Patrick. "The Key in *Ulysses*." *James Joyce Quarterly*, 9(Fall 1972), 10-26.

Williams, Dwin W. "Agendath Netaim : Promised Land or Waste Land. *Modern Fiction Studies*, 32(Summer 1986), 228-234.

Joyce, James. *Ulysses*.(I) 김종건(해설·주석). 서울 : 탐구당, 1984.

김종건. *Ulysses and Literary Modernism*. 서울 : 한신문화사, 1977.

_____ . 『피네간의 경야 : 번역과 해설』 서울 : 정음사, 1985.

_____ . 『율리시즈 주석본』. 서울 : 범우사, 1988.

_____ . 『율리시즈』. 김종건(역). 상·중·하. 서울 : 범우사, 1989.

_____ . 『J. 조이스 문학의 이해』. 서울 : 신아사, 1993.

_____ . 『율리시즈 지지(地誌)연구』. 서울 : 고려대학교출판부, 1996.